訂閱、按讚、卡緊欸啦！

哇係黑龍！

來自甘比亞的神祕力量

黑龍－口述
何星啵－文字整理

［前言］

影片之外的黑龍，是時候解放給大家認識了ね*！

黑人牙膏，別人胎哥，大家好，哇係黑龍！

在非洲，每六十秒就有一分鐘過去；在臺灣，每六十個人就有一個人是黑龍的粉絲啦！如果你剛好不認識我，我快速自我介紹：黑龍是一個來自甘比亞的「歐郎」，你看到這本書時，我已經來臺灣十年啦！從學生時期到出社會工作，再到現在兼職當 YouTuber，對臺灣的了解愈來愈多，不只中文說得愈來愈好，臺語「馬欸通」喔！

如果你知道我，或者你是我的男粉絲、女粉絲，我真的太感動啦！不管怎樣，黑龍在這裡要先謝謝你們翻開這本看起來「黑黑的書」ね＊！

很多人是在 YouTube 的影片認識我，看我平常在節目裡搞笑，吃很多食物，總是嘻嘻哈哈的形象。這本書會告訴你更多關於我的事，很多人好奇我在臺灣的生活：「你最喜歡吃什麼臺灣小吃？」「你的中文怎麼說得這麼好？」「你當 YouTuber 是不是賺很多錢？」等這類問題，大部分都會一一解答。

可是除了這些之外，我還想講一些更心裡面的事情，在臺灣生活十年，可能有些覺得棒棒的，但也有一些怪怪的事情喔！有時我會想，說不定我認識的臺灣比你還多耶！你知道臺北第一條捷運是哪一條嗎？你知道為什麼有臺北、臺東和臺南，但是沒有臺西嗎？我想分享給你們知道，黑龍和臺灣愈來愈熟的過程，還有我眼中的臺灣是什麼樣子啦！

還有還有，相信大家都知道甘比亞是一個位在非洲的國家吧！但大家怎麼常看到我都會說：「你們非洲人。」或是問我：「非洲人是不是都怎樣……」每次都讓

＊黑龍最常使用的語助詞，音同ㄋㄟ。

我覺得怪怪的ね。欸！非洲是一個「洲」，而且非洲那麼大，甘比亞不能代表整個非洲啦！可能因為距離很遠的關係，我發現很多臺灣人對非洲很陌生，對甘比亞更陌生。以為路上都是獅子隨便跑？還常把甘比亞和瓦干達搞混ね，太扯了啦！安捏母湯，我們甘比亞的棒棒，一定要讓黑龍報乎你知啦！

#水啦！用網紅力量傳遞黑龍式正能量

私底下的黑龍到底是怎樣的人？雖然現在有很多人認識我，走在路上也愈來愈多人會找我拍照，很多人說我現在是「網紅」，但我不會覺得自己是一個「明星」或有什麼特別的地方，我就是我！我還是一樣要上班、搭捷運啊！還是用自己的態度過生活……我只是一個走在路上大家會認識的人而已。不過現在我想用自己的人氣，把黑龍式正能量傳出去讓更多人知道。

「這個黑人不只愛喝維〇力，喝完還會說：『水啦！』」在這個很 interesting

的時代，有的人很怕種族歧視，和我說話時常常擔心我會不會生氣，可是有的人還是很容易講出一些怪怪的話，像是問我為什麼這麼黑？問我可以吃巧克力嗎？或是感覺黑人都是 gangster（流氓）？充滿很多奇奇怪怪的刻板印象。

但其實我很 free，面對這些帶有歧視或偏見的話，我都不會先生氣喔！我這個人很簡單，只要有「平等」就沒關係。你說我是黑人？我也可以說你是黃種人！歧視可能是因為不知道、不了解，那沒關係，我可以慢慢解釋給你聽。我相信只要大家能互相了解，這種事情慢慢就會愈來愈少了吧！

總之，《哇係黑龍！來自甘比亞的神祕力量：訂閱、按讚、卡緊欸啦！》記錄了我「**從一個黑人變成黑龍**」的經歷，也會公開很多平常影片裡沒有分享過的事情，除了在臺灣發生的故事，還有我在我的國家——甘比亞成長的過程，都會公開給大家看啦！希望你們看完後，不只是多認識一個歐郎，也能更了解這個歐郎背後的文化、甘比亞的特色與美好，然後大家都想去甘比亞玩，那就太棒棒啦！

好吧，廢話不多說，想知道黑龍在螢幕底下的樣子或更多小祕密，記得訂閱、按讚……不是啦！是把這本書看完就好！卡緊欸啦！

Contents 目錄

PART 2

黑龍來臺灣前篇

Interesting！黑龍的黃金體驗——臺灣vs.甘比亞

PART 3

黑龍來臺灣後篇

哭啊！這就是瓦干達style——黑龍的臺灣生存術

Contents 目錄

PART

1

無人知曉的龍眼蜜

——黑龍極機密個資全都外洩了ね！

黑龍自我介紹篇

進擊的甘比亞——黑龍長大的熱情大陸

告訴大家黑龍的故事前，想先介紹我出生、長大的地方——甘比亞——給大家認識。我來臺灣後，發現很多人好像不太知道甘比亞到底是什麼樣的地方，還有人說甘比亞是不是沒有東西吃，小孩是不是都沒有衣服穿，問我是不是住在樹上？Nah，你才沒有東西吃啦！

現在不要拿手機，也不要上網查，要你想像「甘比亞是什麼樣子的國家」？不知道你們腦袋裡想到的畫面是什麼？一片黃土沙漠？路上有獅子散步？沒穿衣服的小黑人滿地跑？還是……

STOP！也許甘比亞不是你想像的那樣喔！我想用自己的一點點力量，讓更多人認識真正的甘比亞，也是我心中的甘比亞。所以接下來，就讓黑龍老師帶大家快速了解我的國家和我成長的地方吧！

#黑龍老師上課嘍——來來來，課本沒有告訴你的甘比亞

要認識一個國家，比起跑去看課本、查維基百科，不如直接認識他們國家的人比較快啦！書本可能會告訴你，甘比亞共和國（Republic of The Gambia）是位於西非——夾在塞內加爾之間——人口不到二百萬的小國家；也會告訴你甘比亞曾經被英國殖民，是世界上最低度開發的國家之一，九成的甘比亞人信奉伊斯蘭教，blah, blah……

但不會和你說，甘比亞雖然族群多元、語言複雜，可是人民卻非常 friendly！如果你到甘比亞，會覺得這裡的人都很快樂，而且非常友善。這是我對甘比亞最自豪的事情之一ね，如果有人問我甘比亞是什麼樣的國家，我第一個想要告訴他的就是：「**熱情！我們甘比亞人非常熱情！**」

#甘比亞就是這麼簡單：互相幫忙，超級友善的ね！

甘比亞有「非洲的微笑海岸」（The smiling coast of Africa）之稱，有超級漂亮的沙灘、很溫暖的太陽。對歐洲人來說，甘比亞是交通最便利的非洲國家之一，所以在天氣比較冷的旅遊季（十一月~四月），常常會有很多歐洲觀光客來甘比亞度假，因為他們的國家太冷了，到甘比亞才舒服啦！

甘比亞人很可愛，只要看到外國人來都會很歡迎，會想幫他們。我們看到就會跑去問：「你從哪裡來的啊？有沒有需要幫忙呀？」但是齁，非常好客的同時又很chill，不是很囉嗦、管東管西的那種，是真的把你當好朋友一樣，你會感覺很快樂、很舒服。所以很多外國人都喜歡來甘比亞玩，感受這種很放鬆的氣氛。

也許是因為在甘比亞長大，我從小就覺得人與人之間互相幫助是很正常的事情，如果看到發生什麼事情，只要是能力可以幫忙的，就算不認識，我也會想去幫忙。記得有一次在路上看到一個皮膚白白的外國人好像有困難，我怕他不知道這裡的路怎麼走，就跑去問他：「有什麼要我幫忙的嗎？」結果他說：「我需要幫忙嗎？**我已經住在這裡二十年啦！**」原來他是長期定居在甘比亞的歐洲人啦！笑死！但可以看出來，甘比亞人真的就是這麼熱情、可愛ね。

然後喔，不是只對觀光客超級友善，甘比亞人彼此也很熱情，隔壁鄰居都相互認識，走在路上全部是朋友啦！隨便都會遇到認識的人，每次出門便四處和人打招呼；而且如果有需要，在路上只要看到車都可以攔，這裡的人就會停下來讓你搭便車，反正順路嘛！不會覺得麻煩，而且不用怕不安全，這是很常見、很自然的事情。我有時候可能出門開一趟路，沿途就會幫忙載四、五個人，真的不誇張啦！總之齁，如果你看我們出門怎麼這麼久才回來，一定是在路上聊天。

剛來到臺灣時，就覺得很不習慣，明明臺灣的房子都靠得這麼近，但樓上和樓下的人可能不認識彼此，我的鄰居都不認識我，也不會打招呼，真的怪怪的ね！

甘比亞的班竹國際機場，很漂亮吧

甘比亞超美的微笑海岸，大家
有機會一定要來看看ね

因為大家喜歡甘比亞的「熱情與活力」，有不少歐洲阿姨會特別來這裡找當地小鮮肉，當甜心媽媽喔（照片為示意，非當事甜心媽媽）

甘比亞的菜市場，一大早就很熱鬧，也可以看見甘比亞的絕活──用頭頂東西。小到一個蘋果，大到整串香蕉，都可以頂在頭上，這樣比較省力啦

出門隨便都會遇到認識的人，站在路邊就聊起天了，想回家？
還沒聊完啦

我和弟弟（左）一起開車出門，你們知道後座的人是誰嗎？
對啦！是來搭便車的陌生人ね

#左右鄰居一家親，甘比亞簡單的生活就是好棒棒！

因為左右鄰居、附近居民都認識的關係，這裡的治安算很好，反正如果遇到什麼問題，像是火災或有東西被偷、不見，大家都會互相幫忙，所以很少會有犯罪案件。像是遇到車禍事故時，在臺灣，大家可能會想要等警察來處理，先不要管它。可是甘比亞人會覺得：「我直接把你送去醫院比較快啦！」然後全部的人都去幫忙。

平常鄰居的小孩子也會一起玩，有時我回家，家裡的院子就可以看到十幾個小朋友在那邊跑來跑去，小孩子太多，有時都搞不清楚誰是誰了，哈哈哈！而且他們的爸爸、媽媽都不會擔心，反正時間到了，小孩們就會自己回家，很 free 的啦！我小時候也會騎著腳踏車東跑西跑，走到哪裡就玩到哪裡，朋友超級多ね！

我覺得以前好像很多國家也是這樣，人與人之間比較 close 一點，但因為科技發展和進步，感覺現在愈來愈少地方會產生這種單純互相信任、互相幫助了，但甘比亞的生活還是這麼單純、這麼簡單，真的很棒棒！

庭院怎麼擠這麼多人？鄰居都跑來玩了啦

小朋友下課也會四處串門子，不要玩太晚就好啦

#甘比亞的八種語言？複雜的族群造就棒棒的語言腦

甘比亞的地形最主要就是有一條甘比亞河在中間，貫通整個甘比亞。所以我們國家就以河為分界，分成河北、河南兩邊；沿著河，又有上河、中河、下河之分，各個部落各自發展出不同的文化，從人種、語言到食物，都非常不一樣。

又因為甘比亞有來自周圍各國的種族、移民，人種很複雜，不是只有黑人，像前面說的，甘比亞還有很多歐洲白人、亞洲阿拉伯人，所以語言有超級多種ね！

雖然甘比亞的官方語言是英文，但在甘比亞人數最多、排行第一的族群是源自馬利（Mali）和幾內亞的曼丁戈族（Mandingo），所以曼丁哥語才是甘比亞最多人說的語言；第二大族富拉尼族（Fulani，簡稱 Fula），傳統上是游牧民族，除了有自己的富拉尼語之外，還有很多種方言，講話口音比較重一點。通常他們講英文，我也可以馬上聽出來：「喔！你是 Fula 齁！」

而我是沃洛夫族（Wolof）出生，人口雖然排名第三，但我們講的沃洛夫語是甘比亞第二大語言。另外，還有像是塞雷爾族講的賽雷爾語（Seereer）、有英文變體的阿庫（AKu 或 Creole），甘比亞的朱拉族朱拉語（Jola）……光是甘比亞本國講的語言就有這麼多種。也因為甘比亞被塞內加爾包圍的關係，和塞內加爾往來密切，所以很多人說法語（塞內加爾官方語）嘛欸通啦！

在甘比亞，我通常光聽一個人講話，就可以大概知道他們是哪裡來的；看他們煮的菜、吃的食物，也可以猜出來是哪個部落的人，因為每個部落都很有自己的特色。

小時候，爸爸就教我：「**不要只講自己的語言，更要去聽其他人講的話**。」所以我除了沃洛夫語之外，也會講曼丁哥語。在學校，老師教課都是講英文，我自己有學一些法語。來到臺灣學習中文、臺語，大家都說我中文講得很好，還會覺得：「咦，這個黑人怎麼這麼會說臺語？」欸，不是我臭屁啦，但我的臺語說不定比有些臺灣人還溜ね！

會這麼多語言，和我從小在甘比亞這樣多元又複雜的國家長大有關，我很習慣接觸不同族群，為了和其他人溝通，讓我長出好棒棒的「語言腦」。學語言時，我學的速度通常都很快，而且我覺得「到哪個國家，就該講這個國家的語言」，這樣才有尊重這個國家啦！不是只要學英文，就覺得走到哪裡都講英文就好。所以我很喜歡學語言，現在不只中文講得不錯，連日文也會說一點點喔！

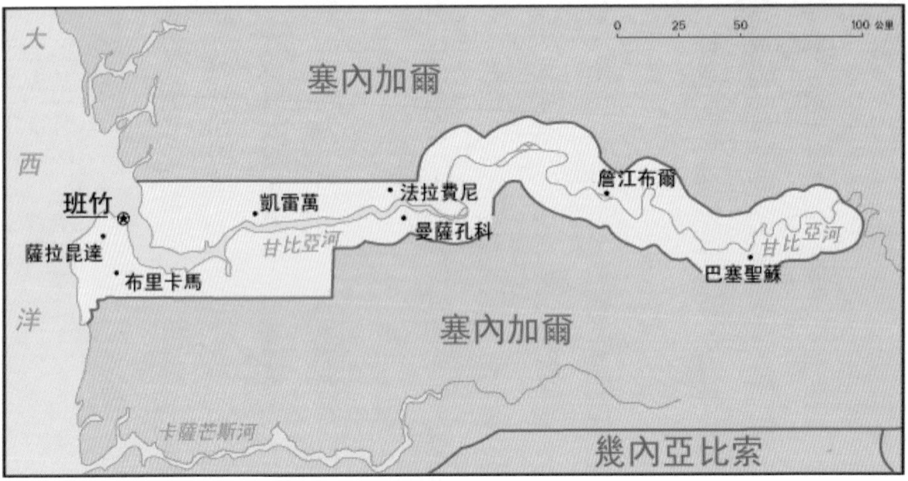

南北短、東西長，甘比亞河橫貫整個國家，有好多種語言和部落文化。欸！有沒有覺得甘比亞河有點像一條黑龍？（wikipedia Qingdou）

甘比亞最長的跨河大橋，連接河南、河北兩邊

甘比亞捕魚的漁船，
都會畫得漂漂亮亮，
很有部落特色，是不
是和臺灣原住民的圖
騰有點像

#甘比亞大熔爐——多元文化養成開闊的胸襟

雖然甘比亞那麼複雜，但族群之間幾乎沒有衝突，不像有些臺灣人會「戰南北」。每個族群講自己的語言，有不同習俗，不會說誰比較好、誰比較不好，我們只會覺得「**不一樣就只是不一樣**」而已。甘比亞這樣長長一條的地形，讓我們發展出很獨特的文化，部落都各過各的，族群之間的接受度很高，很少吵架。我想，這也是讓我對很多事情都先保持開放態度的原因：我習慣自己體驗過，去了解、去接受，遇到什麼事情，不會一下子就說：「這個我不喜歡，這個不好。」而是覺得：「嗯，我來看看這個是怎麼樣的ね。」對啦！這是甘比亞教我的很重要的一件事情。

#誤會大了！甘比亞的路上沒有獅子啦

來到臺灣後，發現很多臺灣人以為非洲人過著難民般的生活，沒有房子住、要住在樹上……，或是說我們沒有鞋子穿。也許有少數非洲國家因為戰爭的關係，真的有饑荒、缺乏物資，或是沒地方住……不過甘比亞沒有發生過戰爭耶，所以沒有這樣啦！還有一個很奇怪的，就是常有人問我：「你們路上是不是有獅子？」我就覺得怪怪的，為什麼會這樣問呢？

還記得小時候，甘比亞有間動物園的獅子逃脫出來，這是會上新聞的大事情ね！很多人都很害怕，想說：「哇！完蛋了，獅子來，我們會死掉啦！」後來還是派軍隊出來，開槍把獅子殺死……這是很可怕的事情。還有人跑去抗議說為什麼要把獅子ㄅㄧㄤˋㄅㄧㄤˋ？為什麼不能用麻醉針，把獅子帶回去動物園就好……

所以齁，我不知道「非洲路上都是獅子」是哪裡傳來的。你們是不是那個「〇健」廣告看太多，才覺得我們隨便都可以拔到獅子的鬃毛啦！

也有人說非洲人視力很好，是不是因為平常都看很遠、在草原上看斑馬…我就問，臺灣獼猴這麼有名，臺灣人有每天看猴子嗎？怎麼可能嘛！不過我們的市場會賣一整頭牛和羊，很多人會在家裡養雞，有些人會騎馬或用驢子載物品，這些動物是有啦！

現在不只甘比亞，其實很多非洲國家都很先進。就連臺灣人以為都是難民的衣索比亞，已經是非洲經濟成長最快的國家之一，有些地方甚至比臺北市更漂亮，同樣有很多高樓大廈和捷運。就是因為現在發展很快，很多我在臺灣認識的衣索比亞同學，都是來讀商業管理和工程相關科系。臺灣人真的要知道這些啦！不要再亂想，用很落後的想法去看非洲ね。

甘比亞的超市，如果這裡有獅子跑出來，我真的先嚇死ね

甘比亞的路邊有沙子，可是沒有獅子啦（旁邊的大樓是一間銀行）

我只有在動物園（Fathala Wildlife Reserve）看過獅子啦！
不是隨便都可以看到ね

Bakan Kachikally Crocodile Pool，
可以摸摸鱷魚

The Gambian Reptiles Farm，
可以和球蟒一起玩了

在 Monkey Park 餵猴子吃花生，餵完我們就是好朋友了

甘比亞神祕力量——傳說中的黑龍王子誕生?!

講完甘比亞大概的樣子，接下來就可以開始介紹我了。在臺灣我是「黑龍」，在甘比亞，我的本名叫做 **Alieu Jagne**，我的家人都叫我 Alieu，甘比亞的朋友會叫我ＡＪ，就是這麼簡單。

喔！我要先說，你們在網路上看到那個名字超長的「Ovuvuevuevue enyetuenwuevue ugbemugbem osas」，就以為非洲人的名字都很長，這是被騙了啦！那個人其實是一個奈及利亞演員，影片只是他開的玩笑。可能非洲有些國家的人名會稍微長一點，但沒有那麼誇張啦！如果真的每個人名都那麼長，怎麼會只有他紅起來咧？一定是哪裡特別怪怪的嘛！

在甘比亞，幫小孩子取名字時，爸爸、媽媽會選一個對他的生命來說很重要的人，再把那個人的名字給自己小孩，算是和那個人說謝謝，表達 respect。我的姓是來自爸爸的 Jagne，而 Alieu 字面上的意思是「強壯」，是我爺爺的名字。我出生不到一個月，爺爺就過世了，所以爸媽覺得「幸好爺爺離開前，有讓他知道孩子繼承了他的名字」，也有種紀念他的感覺。雖然我不認識他，但我覺得是一種家族傳承，讓我感到非常驕傲。

除此之外，通常家裡的第一個小孩都是給媽媽取名字，因為生小孩很辛苦，當然要讓媽媽作主。這也是讓爸爸表達「謝謝妳當我的老婆、謝謝妳生了我們的孩子」這樣的感恩之情。所以我哥哥的名字就和外公一樣，就這麼簡單，沒有那麼長、那麼複雜啦！

我們的習俗裡，小孩子出生約八天左右——等媽媽休息得差不多了，小嬰兒也確定健健康康——就會舉辦「剃毛儀式」（Ngenteh）。從名字就可以猜到，就是把嬰兒頭上胎毛剃掉的活動。我們都會辦得像是一個很大的派對，家裡煮很多好吃的東西，邀請親朋好友和鄰居一起來慶祝。爸爸、媽媽公布小孩的名字前，來參加的客人會把禮物或錢（類似臺灣的紅包）拿出來，一邊猜「到底是什麼名字呀」，

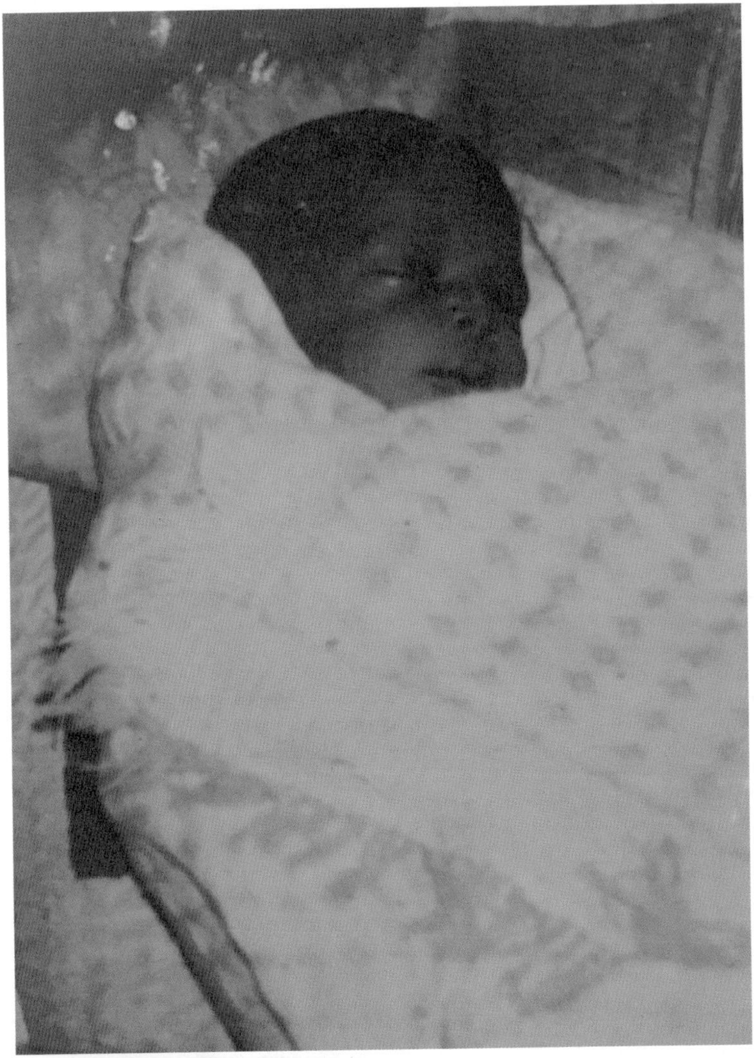

小黑龍露給你看，是真的小黑龍啦！
繼承爺爺名字的 Alieu Jagne 誕生

一邊起鬨「快點講啦」。

最後公布名字是很感人的環節，我媽媽說，當時爺爺聽到是用他的名字命名，都感動得哭了ね。一大群人聚在一起讓小孩子接受祝福，眾人祈禱小孩子能在熱熱鬧鬧的氣氛下健康長大，聽起來就是很甘比亞 style 的活動吧，棒棒！

#黑龍大家庭，十隻手指數不完啦！

甘比亞是實行一夫多妻制的國家，所以我有一個爸爸，還有兩個媽媽，男粉絲是不是很羨慕啊！我是家中第一任妻子的第二個小孩，上面還有一個大我兩歲的哥哥，下面是一個弟弟和一個妹妹。

大概在我國中的時候，爸爸娶了第二任妻子，他們又生了五個小孩（三個男生和兩個女生），現在我們家裡年紀最小的妹妹才五歲左右，超厲害的齁。我們是一個很大的家庭，和爺爺、奶奶住在一起。

要維持這麼大的家庭是有點不簡單，常聽說其他鄰居家會有一些像夫妻問題的糾紛，兩個老婆可能會吵架或打架，這時附近的長輩、婆婆媽媽就會聚集起來開會，用眾人的力量（公審的力量）來解決問題。

不過我算很幸運，我們家裡沒有這種狀況，可能因為兩個媽媽結婚的時間隔得比較久，大概差了十五年，所以媽媽之間的相處很 peace。很多人來我們家，都以為兩個媽媽是親姊妹，就知道她們有多要好了吧！我們一家人從小到大都會互相照顧，我稱呼她媽媽也不會覺得怪怪的，就是很自然的事情，我們家的感情真的都很好。

雖然我有時會開玩笑說：「好多個老婆，好羨慕。」但像我們這一代，已經慢慢愈來愈少人會想娶這麼多老婆了。從我爺爺娶四個老婆，爸爸娶兩個，到現在我哥哥只娶一個。我的話，覺得只要一個就夠了啦！

龐大的黑龍 family，好多人齁！後面再和大家好好介紹啦

#影響我最深的摯愛——黑龍爸&黑龍媽

我的爸爸**楊庫巴**（Yankuba），以前的職業是做生意的商人，主要是賣一些像果乾、蜜餞、椰棗，還有非洲特產可樂果（kola nuts）這種甜食和零食的商人。

說到可樂果，不是臺灣那個「想想可〇果」餅乾，而是西非非常特別的一種可樂樹的果實。吃起來很硬、很難咬，而且味道很苦。因為含有大量咖啡因，所以吃下去會讓人很有精神，感覺有點像臺灣的檳榔吧！

有些長輩會坐在樹下邊聊天、邊咬可樂果，齋戒月時也會吃，因為可樂果可以讓人忘記肚子餓。或是在一些節日慶典，像婚禮、長輩生日時，也會準備可樂果送給來參加的客人，類似臺灣人結婚會發喜糖。可樂果在習俗上還會拿來當嫁妝，提親時會買可樂果給女生家裡的人，是很重要的一種文化象徵食物，所以你不敢吃可樂果，就不能在甘比亞結婚ね！（開玩笑的）

講了這麼多，其實我也不喜歡吃可樂果啦！我都說那是大人的食物，真的太硬了。小時候，我們家小孩子幫爸爸整理商品時，只會偷吃蜜餞和果乾，都不會想吃

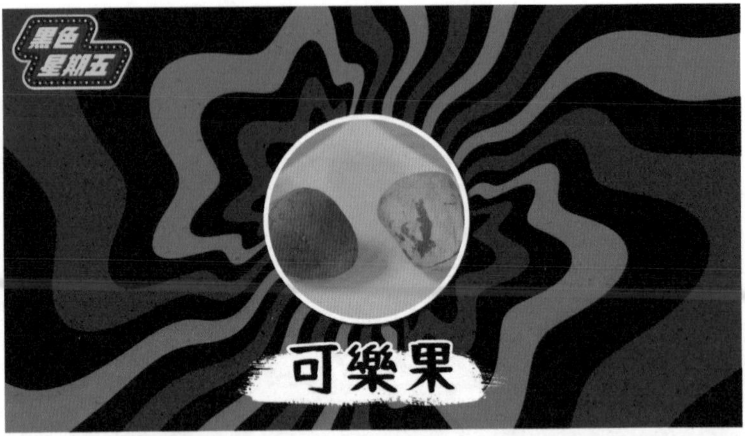

可樂果有紅色、黃色、綠色、白色，很多種，咬一咬不要吞下去，最後要把它吐出來……覺得很熟悉嗎？對啦！就是非洲檳榔啦

可樂果。

我爸爸是一個脾氣很好的人，很少看他生氣，也從來沒有看過他和別人打架，有什麼事都用頭腦去解決。從小看著爸爸是這個樣子，他沒有特別教我們，但我就慢慢學他，長大後發現，其實我的個性真的和爸爸很像，都是比較 chill 的那種，看待事情會比較輕鬆一點，很多問題都覺得：「沒關係了啦！煩惱那麼多幹嘛ね！」遇到什麼事情，想辦法解決就好了啦！我不會讓自己的壓力太大，relax，放開面對就好了ね。

有一個很好笑的事，小時候都

會向爸爸討零用錢，對他說要買學校要用的書和文具。爸爸會直接說：「你要多少錢？拿去吧！」結果我其實不是要買這些東西，都是偷偷跑去買糖果、餅乾來吃。

就算爸爸可能知道我們在騙零用錢，但他覺得只要我們有把書讀好，沒有把錢拿去做壞事，嗯……那就沒關係吧（這個黑龍和黑龍爸都有練過，小孩子不要學ね）！「**你知道自己在幹嘛，要對自己負責**」那就OK啦，他就是一個這麼開放的人。

還有喔，我爸爸是頭腦很好、學習速度很快的人，雖然他以前接受的教育程度不高，沒有讀很多書，一開始工作時，遇到什麼事情都是靠自己學，很辛苦。有個住在法國的遠親叔叔，他在法國過得很好，後來回到甘比亞，把想要學習的人聚集起來，教他們英文、數學，想讓家鄉的人能有更多學習機會，我爸爸就有跑去和他學。

結果才上了幾次課，叔叔嚇一跳，他很驚訝地和我爸說：「喔，你好聰明耶，怎麼學得這麼快?!」再過不久，叔叔就說已經沒有東西可以教我爸了，我爸就是這麼聰明。我一直都覺得爸爸只是以前沒辦法好好念書，不然現在一定能成為更厲害的人啦！

就算我們家不算是很有錢的家庭，只是還可以而已，但爸爸依然很努力、很努力，想讓家裡的小孩都可以去讀好一點的學校。他覺得「學習」是非常重要的事情，也常告訴我們：「你一定要好好學、認真學啊！」感覺就像要彌補他的遺憾一樣。我有時不想念書，但只要想到爸爸，就會告訴自己不能偷懶啦，因為我不想讓他失望。

影響我最深的人，教會我人生的智慧。我想不是只有個性，我的腦袋應該也和我爸比較像喔

結婚前，爸爸曾在沙烏地阿拉伯的工廠工作，後來返鄉回到甘比亞，開了一間做買賣的店，他就是在那個時候認識媽媽。阿公以前常說，我爸年輕時很帥，戴墨鏡、留鬍子，看起來就是型男的樣子。反正齁，你們看我現在這樣子就知道了，我爸以前一定也是很帥的啦！

但那時媽媽還在讀高中，一下子就被爸爸把走了ね！媽媽和爸爸談戀愛，等到高中一畢業，兩個人就結婚了（齁！是不是澀澀的ね）。雖然「和JK（女高中生）交往」感覺好像很厲害，不過現在爸爸都會對我們說：「你們以後不要和高中生結婚啦！要先讓她念書、讀完大學才結婚，不然你們的老婆就會和你媽媽一樣（笨）喔！」偶爾會開一些這種壞壞的玩笑。我很愛我媽，但我從小就知道念書、學習真的很重要，找老婆也要找聰明的。

說到我的媽媽——**歐莉（Oley）**，她一直都是全職的家庭主婦，平常在家裡煮飯，照顧全家，很辛苦。但因為在我們這裡，像媽媽這樣沒有出去工作的婦女比較少一點，所以我和哥哥、弟弟有時會開玩笑說：「媽媽都吃爸爸的錢啦！」還會對我媽說：「欸欸，爸爸的錢分我一點啦！」超壞的，hee-hee！

我媽媽是不是很水啦，也是很棒棒的人

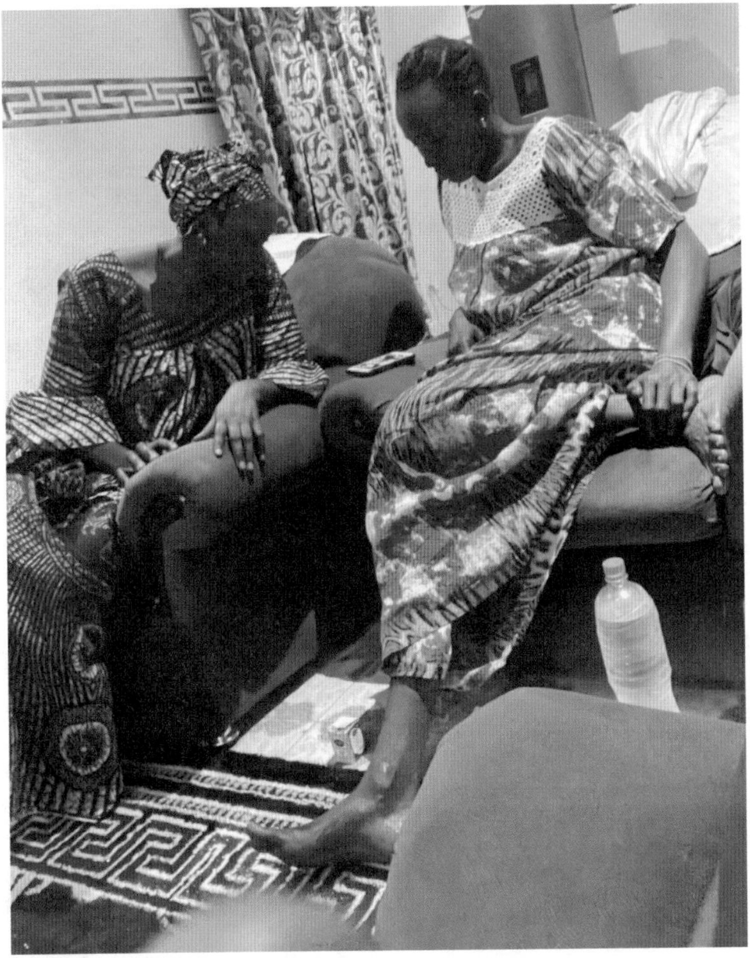

我媽媽（左）和我的第二個媽媽（右），她們平常都會一起聊天、看手機，感情好到真的像親姊妹一樣，很多人都很羨慕ね

以前因為爸爸要出門工作，媽媽負責顧小孩，大部分管教我們的任務都在媽媽身上。雖然她脾氣很好，但小時候我們會覺得媽媽比較嚴格，要幫我們看作業、盯我們讀書，考試考不好也很怕她生氣……只是等到國中時，我發現媽媽快要看不懂我的作業了，哈哈哈哈！她也覺得「你們已經很厲害了，不管也沒關係」。

不過開玩笑歸開玩笑，家裡大部分的事情都是媽媽作主，她才是有決定權的人，我們都很聽她的話啦！

你吃過世界上最好吃的食物是什麼？在甘比亞，每個人會覺得自己媽媽煮的食物最好吃啦！如果和我們聊媽媽煮的食物，最後都會開始互嗆「我媽煮的才好吃」、「我媽媽煮的更好吃」……可是齁，和你們說啦，我媽媽做菜真的超級好吃，是最好吃的那種啦！好吃到什麼地步，是可以開餐廳的等級。以前遇到一些節日，媽媽就會煮一大堆食物，拿到市集或在家裡附近賣，很多鄰居會來買，我們就在旁邊幫忙端菜，很累但很好玩。而且我心裡會偷偷覺得很驕傲：「果然我媽媽煮的最好吃吧！」

不過現在媽媽年紀愈來愈大，我們就叫她不要再煮東西來賣，太辛苦了，這麼好吃的食物，煮給我們吃就好，哈哈哈！來到臺灣生活，最想念的一直都是媽媽煮菜的味道……

有一種餓叫媽媽覺得你餓，甘比亞家裡端出來的食物都很大盤，絕對會讓你吃飽飽。我們覺得「沒讓客人吃飽，就是主人沒禮貌」，一定要好好招待

這是我媽媽煮的加羅夫飯（Jollof rice），最好吃啦！又稱為「Party Rice」，因為我們在節日和派對時都會煮這道菜。下面是用長米加番茄、洋蔥去煮，上面再放甜椒和肉，這次放的是雞腿，也可以放海鮮或牛肉、羊肉

直接這樣一大盤，沒有分成小碗或小盤子，直接拿著自己的湯匙一口一口挖來吃，也會直接用手抓來吃！不管怎麼吃，大家一起吃就是更好吃，水啦

#一輩子的好夥伴——龍哥、龍弟，還有……龍妹？

我的哥哥**阿布拉**（Abdoulie），年紀大我兩歲，也是頭腦很好的人，書念得不錯，尤其是阿拉伯語說得很好，《可蘭經》都可以背起來。他現在已經結婚了，他說只要一個老婆就好，他的小孩穆拉非常可愛。

而我弟弟**穆罕默德**（Muhammed）是那種很 crazy 的人，走在路上大家都認識他，每次都穿個垮褲、痞痞的，有人都說他很像饒舌歌手。他在路上開車，常會搖下車窗罵人。我回甘比亞開車載他，他都會在旁邊指揮：「欸，你應該罵他（其他駕駛）才對啊！」很凶！但其實他以前是非常聰明的小孩，念書很厲害，在班上都當班長。只是後來比較喜歡工作賺錢，就沒有繼續讀書了。

我們三個和大部分的兄弟差不多，感情都滿好的，小時候會一起看電視、搶腳踏車，做很多事情。

我還有一個妹妹**索赫納**（Sohna），她小我八歲，她年紀還很小、十一歲時我就離開甘比亞，所以我們的相處時間沒有很多，比較沒有一起玩，可是我記得很清楚，小時候只要有男孩子想欺負我妹，我們三兄弟都會和他拚命！不過在外面保護完，回家我弟還是會和我妹打架，自己的妹妹只有自己可以欺負啦！這就是我們家的 style！

哥哥（右）和弟弟（左）在我離開甘比亞要回臺灣時，跑到機場送機

弟弟穆罕默德和妹妹索赫納

哥哥阿布拉，現在在考試院當考試委員，還生了一個很可愛的小孩

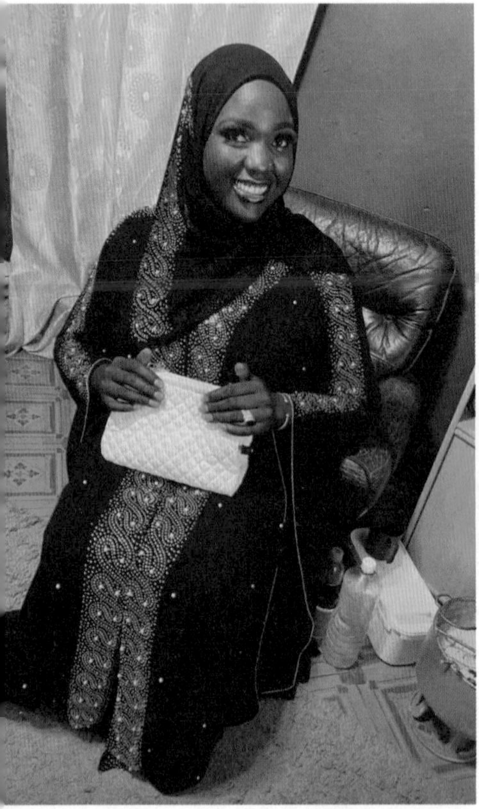

我妹妹打扮起來也是
很漂亮喔！裝扮也是
很 fashion 的

我都會和妹妹開玩笑說：「妳吃太多
了啦！怎麼這麼胖！」可是只有我可
以這樣說，其他人敢笑我妹妹胖，我
就和他拚命了啦

我的弟弟（左二）、哥哥（中間）和表弟們去參加婚禮，
穿著傳統服飾（Haftan），大家都很帥吧

很多阿姨、姑姑和他們的小孩，大家住得很近，感情很好，平常沒事就會串門子。他們都很有趣，我最喜歡和大家一起聊天了

#那些年，沒錯過的竹竿——媽媽打完爸爸打

從小我和爸媽的關係很好，因為我們家的觀念是「**小孩子對父母要孝順**」，所以從小到大都沒有和爸媽吵架過，也幾乎不會頂撞他們，不像有的小孩在成長過程會叛逆、覺得爸媽很煩，這些我都沒有，我很愛他們，這樣聽起來好像很 peace 對吧？

但我小時候還是常會被媽媽打ね！

雖然我讀書真的很厲害，很少因為考試考不好被打，但小時候是一個屁孩。上課時很愛講話、很吵，老師在我的成績單都會寫：「這個學生頭腦很厲害喔，可是真的很壞（很調皮）！」只要老師寫這個，我就完蛋了啦！

就像臺灣的父母一樣，我媽打小孩專用的武器，也是在家裡很容易拿到的東西，像竹竿、掃把，還有拖鞋、電線等，不過因為我媽很會煮菜，所以有時會拿炒菜到一半的鍋鏟就往我頭上打！齁，我每次都被打到哭出來。

但如果是我爸，我說過他都用「頭腦」解決問題，所以他習慣有什麼事情，會等到早上才把我們叫起床……趁我們還沒有很清醒時開打！因為如果是平常時間要

打，我們可能會跑走；還在睡覺的時候打，就來不及跑啦！就說我爸很聰明吧？而且有時我媽已經打過了，爸爸聽到後會再打一次！現在想起來，真的是笑死ね。

印象中比較嚴重的一次是我很小的時候，有一天爸爸、媽媽都不在家，我突然想煎蛋來吃，就跑去開火，結果蛋煎好，瓦斯忘記關……那時剛好一個表哥來我家，他一來就發現：「你怎麼自己開火？還忘記關了！」幫我把瓦斯關起來。本來以為這樣就沒事了，這件事是我們兩個人的小祕密，誰知道原來被阿嬤看到，晚上爸媽回家，阿嬤馬上跑去告狀，**哇！害我被媽媽打死了！**

還有一次，我和弟弟在家裡看電視，看到摔角的節目，小孩子嘛，一時覺得好玩，就學電視上的動作，把我弟舉起來「BOOM」一聲往地上摔（黑龍哥哥有練過，小朋友不要學ね），雖然我們只是好玩的那種，弟弟也沒有受傷，不過剛好被我媽看到。她只看我了一眼，什麼話都沒說，很安靜地走到房間裡，拿出一條皮帶……

啊！我媽要把我打死了！

還有一個故事，那是發生在我國小畢業，要銜接國中的夏令營課程（類似暑期先修班）——

前面說過，我是上課時間很喜歡一直講話、很吵的人，那時班長是一個女生，她每天上課都在紙條上記我的名字，下課時把紙條拿給老師，我就會被老師打，齁！她真的每天寫我，我就每天都被老師打ね！

就這樣一直被老師打打打，直到夏令營快要結束，我心想：「啊！課程結束後，我和她會讀不同國中，以後應該不會遇到了。」我鼓起勇氣和她說：

「今天是最後一天上課了，希望妳可以不要再寫我的名字，只要這一天就好。」

「**妳如果今天再寫我，我就打妳。**」

你們剛剛是不是差點以為這是一個偷偷談戀愛的浪漫小故事？Nah！我是真的很生氣ね！那時我才國小而已嘛，才沒有管什麼「人家是女森（生）」，真的覺得她一直害我被老師打，很討厭。

結果那一天，她竟然還是在紙條上寫我的名字！

好啊！那天放學回家的路上，我就跟著她一直走，等到人比較少的地方，我就叫住她：「欸欸！」然後她一回頭，我往她臉上打一拳，打到她鼻孔直接流出鼻血ね！

她當然氣死了，明明是我上課一直愛講話，所以她也出手要打我，我們兩個就打成一團……最後誰贏呢？我是男生，身材比她高大，力氣也比她大，不可能會輸吧？我覺得終於報仇了，還很高興。但那天晚上，她的家人跑來我家告狀。

喔！我輸了，我又被我媽打死了！

如果有人問我最後一次和人打架是什麼時候？就是這一次，我第一次和女生打架，也是唯一一次。但我現在已經很乖了，知道不能打女生啦，很尊重喔！

對了！大學畢業後，有次回甘比亞，在路上遇到這個班長，那時她已經結婚，和老公搬到我家附近。我們兩個看到對方，下一秒都哈哈大笑，她當然還記得我，聲音馬上高八度說：「就是這個人！這個人好壞、好壞耶，他以前把我打流血耶！」

不只是我印象深刻，看來我在她的童年也是很重要的回憶ね（根本是童年陰影吧）。後來我們就聊開了，打架那些事情，回想起來只覺得很好玩、很好笑，我們現在變成好朋友了，很 peace。

有一個堂哥因為他的爸媽離婚，所以在我小的時候，他一直住在我們家，和我們一起讀書、一起玩。有時我被打，他就會說：「不要哭了啦，只是被打而已，沒關係啦！」

他會帶我做一些有點壞壞的事，像是在外面玩到很晚才回家，結果回家後，我媽媽連他一起打，沒有因為不是自己的小孩就不打欸！

雖然講了這麼多被打的故事，沒辦法，因為我小時候就是很調皮又屁屁的，但其實我知道爸媽都很愛我，他們不會真的把我們打受傷，有時只是做做樣子啦！記得有一次媽媽打我，其實她都快要哭了ね，這就是打在小孩身上，痛在媽媽心吧！

媽媽雖然會打我們，但這就是那個年代管小孩的方式，我還是很愛媽媽啦

黑龍童年大進擊——甘比亞 style 成長故事

#怪怪的ね！甘比亞的特殊儀式

說到「長大」的過程，我知道你們都很期待，就是甘比亞的「割禮」（割包皮）啦！讓我的小黑龍瞬間長大的故事。

甘比亞一般會在小孩五歲時，進行把「雞雞」前面剪掉的割禮儀式。雖然當時我才五歲，但還記得進行割禮那天，爸爸帶我到阿公家，因為阿公是醫生，我的手術就是給他做的。一開始爸爸說：「今天要去做這個事情喔！」我覺得只是要去給阿公看一下而已，一點都不害怕，結果一到阿公房間門口，我就開始哭喊：「我不要啊！好可怕！」最後阿公幫我打麻醉藥，整個過程感覺「啾」一下就弄完了，沒有想像中那麼恐怖ね。

這個時候，家裡的長輩、阿公、叔叔們，就把我帶到旁邊的房間，女生都不能靠近喔，開始教我要怎麼樣對待女生，什麼事情可以做、什麼事情不能做，講完後還會考試，問你：「可以亂摸女生嗎？可以欺負女生嗎？」是很認真的性別意識教育，如果亂回答，啪！馬上會被打ね！

結束後就會收到親戚、鄰居給的禮物、錢和食物等，慶祝這個「成為真男人的時刻」。甘比亞男生五歲就成年了，很厲害吧！

剪完約一個禮拜後就完全恢復了，而且因為年紀很小，也不太記得有多痛。不過現在很多人都會改成一出生就剪掉，這樣比較不會麻煩，小孩子也不會記得。我覺得這樣好像滿好的ね？你們覺得呢？

我知道很多人對西非國家的刻板印象就是醫療資源落後、治病靠咒語。不過我們家因為阿公有學過醫的關係，不太相信巫醫、巫術（現在叫做民俗醫療、治療師）。有的人生病會去看巫醫，可能會喝樹皮磨的粉泡水，或是拿一些東西塗在身上，甚至吃一些怪怪的東西。有幾次阿嬤想試試看，但都會被我爸爸阻止，所以我沒有體驗過。

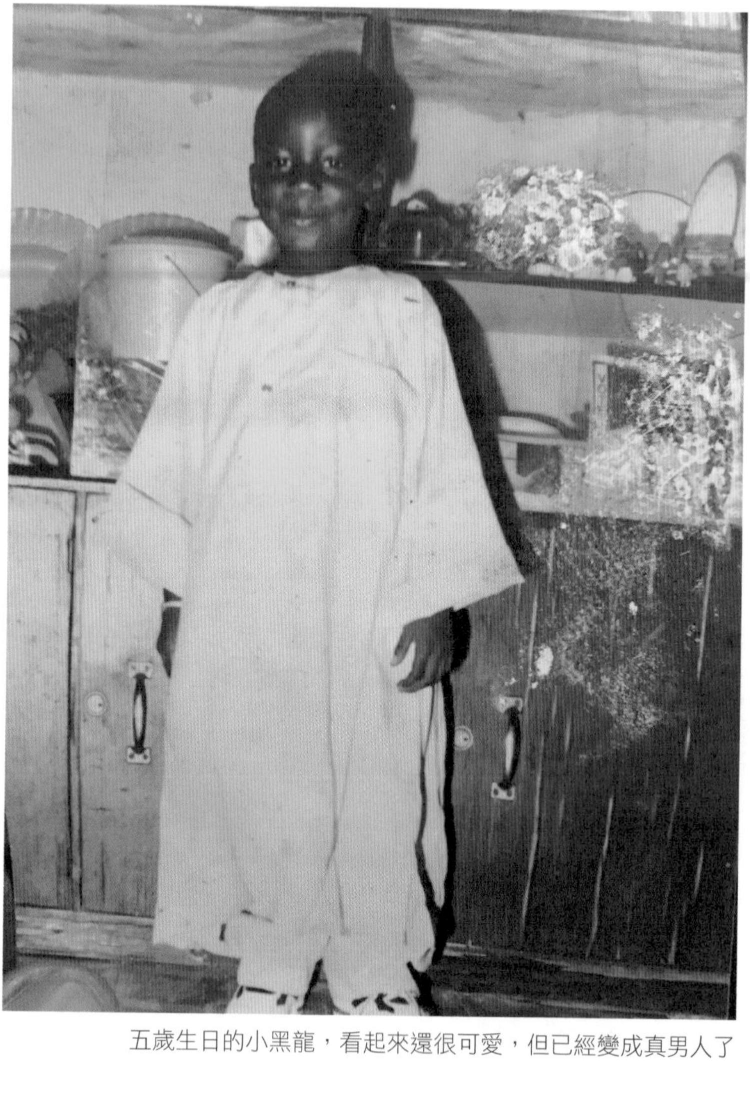

五歲生日的小黑龍，看起來還很可愛，但已經變成真男人了

不過我們家不是什麼事情都這麼務實，也會遵守一些都市傳說或民間習俗。像是「天黑後不要洗澡」，所以以前我們家在下午六點，大家就會開始排隊洗澡；還有「胡椒粒不可以掉在地上」，小時候阿姨如果看到家裡地板上有胡椒，就會大叫說：「趕快來掃啊！不然有人會打架！」在甘比亞有這樣的傳說，雖然不知道為什麼，但我們到現在都還會乖乖聽話，小心不讓胡椒掉到地板上，如果掉了就要趕快掃。

如果你問我到底什麼是「把不到妹妹就巴頭」，哭啊，我也不知道是什麼啦！他們講的話我都聽不懂，賣擱問啦！

#羊羊這麼可愛，怎麼可以吃羊羊——愈可愛愈好吃啦！

甘比亞每年還有一個很重要的大節日——宰牲（羊）節，就像臺灣人過年或中秋節一樣，全部的家人一起團聚，進行神聖的宰牲儀式，這是出自《可蘭經》、伊斯蘭文化的一部分。那一天，每一家的家裡都會傳出「咩咩」的叫聲。我們會換上新衣拜拜，接著準備宰羊。

儀式進行前，我們會先磨刀，還要在地上挖一個洞，那是殺羊時讓羊的血流進去的地方，等殺完後就直接把洞埋起來。殺羊前向阿拉膜拜祝禱，把新衣脫掉，然後「咻」一刀快狠準，盡量不要讓牠感到痛苦。我們有些規矩，例如生病的、受傷的羊就不會殺。

對我們來說，宰羊是很自然的事情，我國小就會跟著看，爸爸、鄰居、家裡附近年紀比較大的哥哥都會來幫忙，我覺得很酷ね，不會有恐怖的感覺。直到我十五歲時，終於可以輪到我做啦！不過第一次學的時候，也是有一點怕怕的，因為我第一刀沒有切好，沒有讓羊趕快死翹翹，而且切肉時還不小心太大力，把可以吃的肉削掉太多……每一刀都是有學問的ね，不過多做幾次後就很厲害了啦。

雖然我之前有很長的時間（五年多）沒有回甘比亞，但到現在放血、把皮膚拿掉（剝皮）的手法，我都還記得ね，這個很重要，**每個人要記得自己的文化**。一開始我曾經覺得：「啊！我們家小羊要被殺掉了。」但後來知道其實這是一種學習尊重生命和尊重食物的過程，你知道是怎麼從一整頭羊變成桌上的一道菜，你知道吃的部位是哪裡，會讓你更珍惜吃下去的每一口肉。

而且根據傳統，我們會把羊肉好的部分（羊腿）分給親友、長輩，或是附近比較沒有錢的人，讓他們可以吃到好的肉；自己家裡是吃羊肋排或羊的內臟，學會「施比受更有福」分享互助的快樂，這個是更重要的ね。

宰羊儀式，即使到現在還是堅持手工，不用機器取代，
每個男生都要學喔

甘比亞專門賣羊的市場，品種很多，一隻大約新臺幣
三千到六千元，挑一隻最可愛的回家啦

#誰的童年沒屁過？甘比亞式娛樂

很多人好像以為甘比亞很落後，以為我們都是吃沙、玩泥巴長大。我們的童年也是會玩一些玩具車、娃娃或著色本等，比賽誰塗色不能塗出去、拿塑膠玩偶出來扮家家酒，都是這種很簡單的遊戲。尤其我最喜歡玩拼圖，因為一個人拼也很有成就感，而且我很喜歡動腦，訓練自己。

還有，我們也會看電視（對，我們有電視）。小時候電視臺會播阿諾．史瓦辛格（Arnold Schwarzenegger）的電影，看了覺得很帥、很酷ね。記得那時最喜歡的電影是《第一滴血》（*First Blood*）系列，主角藍波太帥了啦！我還曾經因為這樣，就說長大要當軍人。這裡也會播成龍的電影，所以小時候和哥哥、弟弟都會跟著電視學功夫。

喔！還有我最喜歡的卡通，就是法國的《嘰哩咕與女巫》（*Kirikou et la Sorcière*），主要是講黑人小男孩嘰哩咕對抗邪惡女巫的故事，裡面畫了很多西非民間傳說和西非元素。主角嘰哩咕很喜歡一直問：「為什麼？為什麼？」然後用他的頭腦尋找答案，最後想辦法解決問題。我就會開心地跟著大喊：「**Kirikou!**」真的很精彩。這部片在臺灣也有播，或許你們很多人都看過吧！

但如果你們不知道嘰哩咕，這裡也有美國卡通《米老鼠》（*Mickey Mouse*）、《湯姆貓與傑利鼠》（*Tom and Jerry*），我小時候都會看，所以說起來，其實甘比亞的童年娛樂和臺灣沒有差太多，對吧？

甘比亞有類似躲貓貓的遊戲，但在臺灣是一個人當鬼，鬼去抓很多人。甘比亞是反過來，一個人躲起來，讓大家跑去抓他。因為齁，真的很難找ね！我們這裡房子都很大間，還有大庭院可以躲，更重要的是，因為我們的皮膚黑黑的……所以這個遊戲，晚上比較好玩！（開玩笑）

我小時候都喜歡故意躲在很簡單的地方，像是門後面、牆壁旁邊，我覺得最危險的地方有時候最安全嘛！還記得有一次，我弟弟躲在院子角落的一個大桶子裡，那裡沒有燈，本來就已經很黑了，躲在桶子裡更黑啦！最後大家找不到，玩到不想玩了，弟弟才自己跑出來，笑死ね。

#大吉大利今晚吃雞！享用美食要先跑起來

小時候還有一個最好玩的事情，就是家裡有事情要慶祝、要殺雞的時候。我最喜歡了，那天早上媽媽會說：「快去和你的朋友講，叫他們來家裡吃雞吧！」我們就會很高興地去找朋友來，院子裡會有一大群的小朋友聚在一起，等著先「抓雞」。家裡的大人把雞放出來後，大家開始追著雞跑，看誰先抓到，但有時候，明明已經有人抓到了，我們還會把雞放掉，重新再抓一次。玩到後來，那隻雞都已經累到不想跑了啦！

吃大餐前先這樣努力抓雞，運動後吃的雞肉好像更好吃了，有抓、有玩又有吃，根本太棒棒！

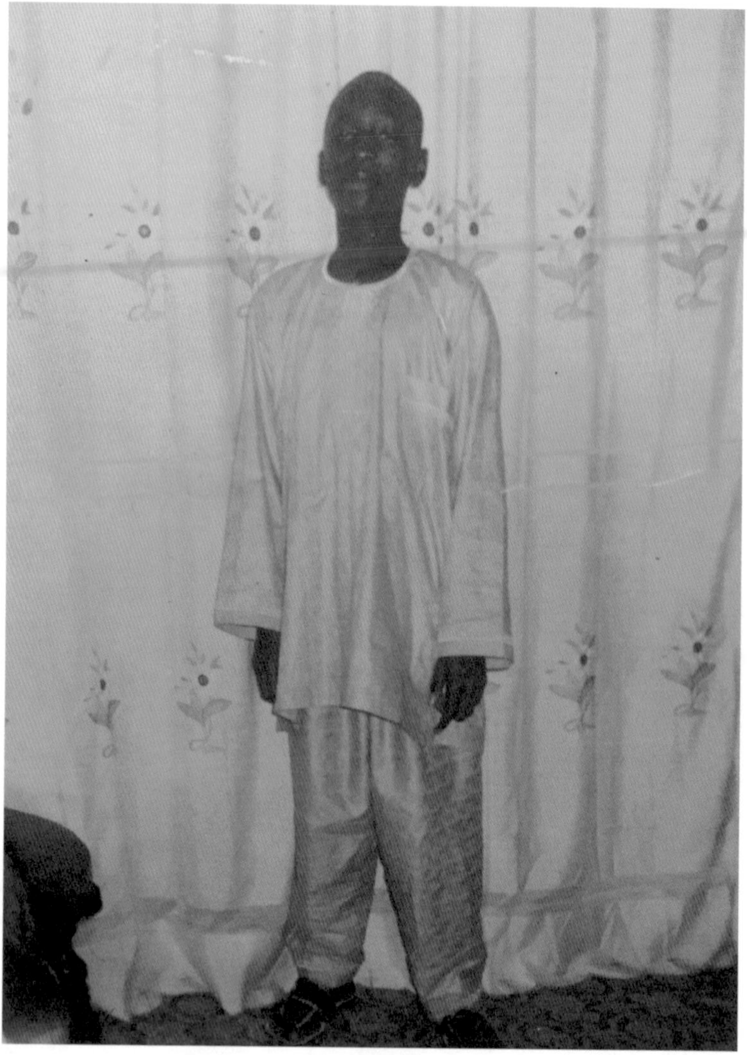
黑龍十歲生日，這時已經開始可以看出來我的帥了吧

黑龍其實是學霸?!
求學經歷與校園生活

說學霸什麼的，我會不好意思ね，但我就說一句啦，我在朋友之間有一個綽號，他們會叫我「**Google**」。

#老師又愛又恨的學生，吵死人但很聰明

雖然我爸媽可能沒讀很多書，但他們覺得讀書很重要，非常重視教育，想讓我們去讀好學校。我的國中和高中都在同一所學校——St. Peter's High School，我們家的小孩，哥哥、弟弟和妹妹的成績都不錯，不過應該還是我最厲害一點點啦！

在這裡，上課時習慣會回答老師的問題、和同學討論，反正就是講很多話，如果你很少講話，老

師反而會覺得你是不是笨笨的；可是也不能講太多，像我上課時太吵，老師都覺得我很煩，偏偏我成績又很好，所以更煩。國小時，每年學期末老師給我的成績單評語都會寫：「**很聰明，可是太吵了，很討厭！**」

而且我們學校從國小開始就有辯論課，老師會讓同學分成兩派，每個學生都要講出自己的看法和意見，小時候最常討論的議題就是：「老師比較重要還是醫生比較重要？」也會辯論「支持死刑還是反對死刑」，讓我們從小就一直去思考，而且還要表達出來，我很喜歡，而且覺得滿好玩的。

我到臺灣時很不適應，臺灣的學生上課都不喜歡講話，也不喜歡發表意見。不像甘比亞學生都很敢講話，對於「講出自己的想法」這件事情覺得很自然，完全不會不好意思或不敢講。臺灣學生，要學了啦！

雖然我很頑皮，但念書時都會乖乖去上課，不會翹課ね。只是齁，大概到高三時，我都不去上數學課，同學覺得很奇怪：「欸，為什麼黑龍星期四的課都不來上？」嘿！因為課本裡的內容我都已經會了，學校沒辦法教我更多了ね。所以老師說我可以不用來，讓我去讀自己想讀的，自己自修，是不是厲害啦。

一看就是屁孩？和我的同學一起，你看他們褲子都穿很垮，
還會用皮帶耍帥，我那時候很乖，沒有弄這些啦

#老師不一定就是對的

由於成績很好，我在學校有點臭屁。有一個地理老師很討厭我，因為有一次考試，我的答案明明是對的，但他卻打叉叉，我對他說：「欸，老師，你這裡改錯了！」但他不理我，最後我只好去找學校高層的人講，最後老師才承認是他弄錯。

我會去質疑別人「你說錯了喔」、「是這樣子嗎」，不會因為你是老師，我就一定聽你的。但你如果是很好的老師，我也會很聽話，所以很多老師其實都很喜歡我啦！現在回去我的高中，老師們都還記得我，會說我很棒棒。

#情竇初開？黑龍的愛情限時批

我雖然喜歡學習，但不是很認真念書的那種類型，所以上學時，談一點點戀愛應該沒有關係吧，呵呵！一開始喜歡的是我國小班上的女同學，她是功課很好、乖乖的那種女生。我覺得「喔！我喜歡這個人啦」，就寫了一封情書給她，直接說：「我喜歡妳，要不要當我女朋友？」然後在旁邊畫一點愛心、小花，我覺得滿浪漫的，但因為那時我們都還小，沒有怎麼樣，很單純，好像連牽手都沒有，後來也沒有分手的過程，就慢慢沒聯絡了。不過現在還是朋友喔，上一次看到她已經結婚、生小孩了。

我追女生就是這樣，沒有什麼很特別的。只是齁，沒有我追不到的女生啦！（開玩笑）

#我是金剛腿，被耽誤的黃金右腳？

甘比亞無論是在路邊、空地，還是家裡的院子，常常可以看到很多小朋友踢足球。小時候爸爸會買足球給我們踢，足球應該算是大部分男孩子喜歡的運動吧！不過我還是要說，我們家裡踢足球的人，也是我比較厲害一點點啦！

記得二〇〇二年由日、韓主辦的 FIFA 世界盃足球賽，那是我第一次接觸到國際賽事，我和哥哥、弟弟一開始是跟著爸爸一起看。因為時差的關係，比賽時間大概都是甘比亞的凌晨五、六點吧！我們一家人會一大早爬起來看比賽，家裡有電視可以看轉播，所以鄰居也會跑過來看。現在想起來都覺得很好玩，超嗨的。

那一屆甘比亞沒有踢進世界盃，所以我們支持旁邊的好鄰居——塞內加爾，也是支持到很激動、很熱情，尤其是塞內加爾踢贏法國時，齁！就算不是自己國家，我們也超開心的。我才感覺到足球不只是好玩而已，還有一股可以凝聚的力量。

二〇〇五年國際足總U－17世界錦標賽，甘比亞三比一踢贏巴西，哇！那真是歷史性的一刻！在祕魯主辦，所以比賽結束時已經很晚，但我和哥哥還是在大半夜衝出門狂歡慶祝，大叫：「YA！」真的很高興ね！記得那一年的旅遊季，特別多外國人來甘比亞玩，我們問了才知道，原來有很多人是因為看了那場足球賽才知道甘比亞：「就是那個踢贏巴西的國家嘛！」甘比亞居然因為足球賽被世界看見，很厲害吧！

週末的海邊，會有很多不認識的人一起踢足球

可是講了這麼多，那時我還沒有踢足球，我加入足球隊是高中的事了。還記得嗎？小時候都和媽媽說：「我長大要當軍人！」

#夢想之路：軍人？醫生？從沒想過會當YouTuber啦！

我是一個有一點屁屁、喜歡耍帥的人，小時候在街上看到軍人穿軍服、舉槍踢正步就覺得好帥喔！加上受電影影響，看阿諾也覺得好帥。明明不清楚軍人這個職業是在幹嘛，就覺得長大想當軍人，只因為帥！

但國中時，有次學校找一位醫生來演講，當我聽到他講話好有氣勢，不用麥克風，就能讓臺下所有學生都聽得很清楚，而且演說內容十分豐富、有趣。聽完後覺得這個人好厲害，十分崇拜他，所以又想：「我長大要當醫生啦！」而且醫生好像可以賺很多錢的樣子ね，在那之後，我的目標就變成醫生了。

到了高中，開始有更多學科，有要種菜、耕田的園藝專課，有要敲鐵做工具、做木工，也有更進階的數學計算課等，其中有一門工程學是畫設計圖，除此之外，還要自己看圖蓋出一棟小房子。我的成績很不錯，我也滿有興趣的，就漸漸開始覺得我可能很有天分，如果往這方面發展，當工程師應該也很好。

我的夢想之路就這樣一直摸索，改變了很多次。不過不管怎樣變，都沒有想過會有這一天：**我居然在臺灣變成 YouTuber 啦！**

高中的戲劇社，我很有演戲天分，雖然不一定是當主角，
但學系比賽一定都是拿第一

我在學校表現很好，拿獎盃、獎狀都是常有的事啦
（那是照片反光，不是我的小黑龍發光喔）

我當時讀的是「科學班」（有點類似臺灣的理組），班上幾乎都是男生，只有幾個女生。有沒有注意到我們都穿便服，因為以前星期六上課可以不用穿制服啦

#我成績真的「很不錯」啦！西非前十名的超級資優生?!

我一直說自己多聰明，你們可能都不信，但我是有認證的啦！西非考試委員會（WAEC，West African Examinations Council）是針對西非英語國家——甘比亞、奈及利亞、迦納、賴比瑞亞等國家的考試機構，會定期舉辦國際考試、國家考試等。我在WAEC初中證書考試時，拿到甘比亞**前十名**的成績，我都不好意思說，當時有上新聞ね（可惜沒有留下畫面啦）！

高中證書考試一樣是前十名，所以政府補助我念大學。當時我選了甘比亞的醫學大學，可以完全免費喔！家人十分高興，感覺我要去當醫生了，很為我感到驕傲。但我在醫學院讀了兩個月就覺得：「完蛋了啦！太久了，這個要讀八年ね！」一方面想說這樣真的花太多時間念書，另一方面，我發現自己真正有興趣的科系好像還是土木工程，我比較喜歡建築、創造的感覺，我的個性不適合每天面對病人啦！

可是那時甘比亞的大學沒有土木、建築相關科系可以讀，所以我開始考慮往國外發展。雖然我媽聽到時很生氣，覺得我怎麼浪費當醫生的機會，不好好把醫學系讀完呢？但爸爸卻很支持我，他說既然我對土木有興趣，那就去念吧！要我放心去做自己想做的事。

起初我看的是美國佛羅里達大學，因為我的成績很好（再說一次），甘比亞政府會補助一半的學費讓我去那邊念書，但算一算，哇！還是很貴ね！那時很感動的是，爸爸為了要讓我能去美國念書，他對我說：「不然把家裡的房子、土地賣掉一半吧！」他想用賣房子的錢讓我去讀書。但我對爸爸說：「不要啦！房子賣掉就沒有了，但我還可以再找找看其他機會！」我不忍心讓家裡為了我賣房子，就放棄了去美國讀書的機會……

高中時期的我好像屁孩啦！看不出來其實是資優生吧

#從甘比亞到臺灣？——粉絲最好奇的來臺原因

有一天，我們家接到政府辦公室打來的電話，說臺灣一間有土木工程的學校，問我要不要試試看。那是臺灣國立臺北科技大學（北科大，NTUT）和甘比亞合作的培育人才計畫，特別開設「土木國際專班」，學費是臺灣政府和甘比亞政府共同出資，全額補助（代價是我們每學期的成績單會送去給甘國總統看），很適合讓我挑戰！

那時的我知道臺灣這個國家，但沒有很確定到底在哪裡，所以我上網查，一搜尋就看到臺北一〇一（那時還是世界最高的大樓）。

哇！看起來很棒ね！感覺建築、交通都發展得很好，我看到臺灣很多房子都很高，還有捷運、高鐵這些建設，真的太棒了吧！馬上覺得去臺灣念書也很好，我很想到臺灣看看。OK、OK！很快就決定了。

雖然甘比亞和臺灣的距離很遠，但因為以前臺灣和甘比亞曾經是邦交國，甘比亞受到臺灣很多金援。當時甘比亞的電視新聞會一直報導臺灣，所以我們對臺灣這個國家名字一點都不陌生。我說要到臺灣念書時，大家都覺得：「喔，臺灣喔，不錯耶，很酷ね！」我也對要來臺灣的生活充滿期待，很希望能學得一技之長，返鄉貢獻，把蓋房子的技術帶回甘比亞。

就這樣，準備開啟了我人生的下一個篇章——黑龍來臺奮鬥史！

PART

2

Interesting！黑龍的黃金體驗

——臺灣 vs. 甘比亞

黑龍來臺灣前篇

初來臺灣，澀澀的黑龍——第一次踏上臺灣的感覺

我這個人齁，就是習慣做事情先不要想太多，遇到事情該怎麼辦就怎麼辦，所以決定要來臺灣時沒有太多擔心；對於十九歲就要離開家人、離開甘比亞到那麼遠的地方，我沒有太多不捨。因為我知道要趁年輕出去闖闖看，也是為了以後能讓家人有更好的生活……最後再看一眼我的爸爸、媽媽，再看一眼甘比亞……我已經準備好要出發了！

#臺灣「降肉」——一下飛機就感受到文化衝擊?!

記得第一次來臺灣是搭凌晨三點的飛機，那時因為機場管制的關係，爸媽都沒有辦法送我，所以我們沒有抱在一起哭的那種難過離別；加上當時是集結二十五個要來臺灣念書的學生，有的是之前比賽就認識，有的是不同學校，來到臺灣就會當同系的同學，所以我心裡非常期待。就這樣搭了很久、很久、很久、很久的飛機……終於，第一次降落臺灣了！

雖然已經是十年前的事情，但我現在還記得很清楚ね。抵達臺灣的那天是星期六，桃園機場下著大雨迎接我們。一下飛機，就看到學校的學長和老師來接機，舉著甘比亞的牌子，讓大家在機場買個東西，就直接帶著我們搭遊覽車前往學校宿舍。

在遊覽車上時，我往車窗外看，哇！就算是下雨天，臺灣的路上還是有好多摩托車，感覺很危險，我第一個想法是：「這個走在路上真的都要小心ね，人和車子都混在一起。」

到學校後，學長帶我們認識環境，那時我注意到，明明是在人行道上，還是有些人騎摩托車會飆很快，很凶且沒有戴安全帽，咻一下就從你身邊過去，擋到他的路還會罵你：「在衝三小啦！」一開始很不習慣，我就和學長說：「哭啊！那個人好可怕ね。」結果學長說：「這是正常的，你很快就會適應了啦！」後來我才知道臺灣人對這種人有特別的稱呼——「8＋9」（小混混、流氓）。

也許你會覺得：「欸！在你們學校（北科大）附近應該沒有很多吧？」但這幾年下來，我的觀察是：「**臺灣每個地方都有啦！**」

甘比亞沒有這種8＋9，至少你不會隨便走在路上就遇到，如果有類似的情況，我們的警察可能就會來處理了ね，所以剛來臺灣時真的有嚇到。不過後來覺得他們過他們的生活，我過我的生活就好，所以沒有特別害怕，甚至我有交到一些8＋9的朋友。

我覺得每個人都有好或不好的性格，我們可以去認識他好的一面，學習我們想學的就好。例如他們就會教我一些很道地的髒話，像是「〇你娘雞排」、「三小啦」、「KI哄慼啦」……這些其實都是8＋9教我的（欸，不是啦）。

和學長成為好朋友，到現在仍然有保持聯絡

北科大第一次參加的迎新活動，學校規定要穿正式服裝，我就穿這樣了啦！那時的黑龍還有點生澀

新生校外教學活動到北投溫泉博物館，除了找找看我在哪裡，大家也可以找一下我的好朋友——黑牛

#食物衝擊！我們不會煮臭臭的食物啦！

我來臺灣，媽媽最擔心的就是「吃」的問題。剛到臺灣的第一個月，每天都會打電話回家，每一通電話都會問我吃什麼：「臺灣的食物好吃嗎？聽說那邊都要吃蛇、吃青蛙！」

哈哈，這就是刻板印象。媽媽覺得亞洲人都會吃這些，吃蝙蝠、吃猴腦，她很怕我來臺灣要吃這些。

我會和她說不要擔心啦，我在臺灣很少看到蛇肉，這邊最多的是雞肉啦！因為宗教信仰的關係，我不吃豬肉，但臺灣有很多豬肉料理，媽媽也會提醒我要小心。

雖然很多人說臺灣是美食之都，很多臺灣人都喜歡推薦各種小吃，但偷偷和你們說，我一開始覺得「**臺灣食物好難吃**」！

來臺灣的第一餐是在桃園機場買的麵包和冰奶茶，這是我第一次喝冰奶茶，心裡居然是覺得：「這是什麼鬼？」很不習慣ね。加上剛開始很怕吃到豬肉，也不知道要吃什麼，所以第二天開始，早餐就會自己做麵包夾鮪魚的三明治，覺得這樣最安全，不會吃到難吃的。

開學後，學長帶著我們到學校附近的餐廳吃炒飯，我才覺得很好吃ね，因為炒飯和甘比亞食物的風格比較像了啦！

第一次吃牛肉麵，我只吃肉和麵而已，因為甘比亞沒有「湯麵」這種飲食方式，我們的湯就是湯，大部分是魚湯，不會把其他主食放進去裡面煮。我就覺得牛肉麵怪怪的ね，但學長就告訴我，那個湯可以喝，你喝喝看啦！我抱著挑戰的心情喝一口，結果：「喔！很好喝ね！」

接著跟著學長去吃雞排，「喔！這個也很好吃ね！」這才慢慢開始比較接受臺灣食物。當然因為結識愈來愈多朋友，或是交女朋友，所以也會去逛夜市，做一些每個外國人來臺灣都會體驗的事情。但我真的到現在都沒辦法接受的就是……臭豆腐！**甘比亞人不會煮臭臭的東西啦！**

不管過了多久都覺得很可怕的臭豆腐，為什麼臺灣人那麼愛吃ね？沒辦法接受啦

第一次去士林夜市，結果都沒有拍夜市的照片，因為那時覺得捷運太厲害啦！而且對士林夜市的第一印象是：「東西都好貴！」

#地震、颱風樣樣來——黑龍的搖搖初體驗

甘比亞沒有地震，所以蓋房子比較簡單，不像臺灣。記得我來臺灣遇到第一次地震時，正在上土木工程學，突然覺得椅子怎麼好像在動，桌子好像在搖。我往左右邊看同學，他們都往旁邊看，因為我們一群都是甘比亞來的嘛，大家都不知道發生什麼事情。臺上老師很冷靜地說：「It's an earthquake.」就叫我們不要緊張，現在想起來那個畫面應該有點好笑。

幾個月後，因為快考試了，我留在學校看書，結果遇到一個超級大地震！搖到整間房子都發出「嘰嘎嘰嘎」的聲響，天花板都在動，好可怕ね！印象很深刻，我真的嚇死了！

另外還有一個很可怕的就是颱風。甘比亞雖然會發生狂風暴雨或龍捲風，可是那是有些地區比較嚴重而已，臺灣的颱風還是更可怕，窗戶都會被吹爆ね！而且颱風過後出門，看到路邊的樹居然整棵被吹倒，也有吹斷掉的，直接倒在路上，我那時心裡想：「臺灣好可怕啊！又有颱風、又有地震……」

不過因為有「颱風假」，我就入境隨俗，颱風來的時候沒什麼害怕，比較期待放假啦！而且有一個很好玩的事，我發現就算宣布放颱風假，很多臺灣人還是會去上班，為什麼咧？我都不管，政府說放假就是放假啦！我也很喜歡颱風假ね！

#這樣飛太遠，喜好逐漸臺灣化

剛來臺灣時，有時週末早上我會播西非周杰倫沃利．塞克（Wally B. Seck）的演唱會影片來看，聽他的歌來化解想家的情緒。學校中文課有教〈童話〉、〈甜蜜蜜〉、〈天天想你〉這些歌，我才開始覺得臺灣音樂也不錯，像是〈童話〉，我現在還會唱整首ね！

不過我現在比較喜歡聽的是栗子和禁藥王的類型啦，有一次在夜店聽到「當我 Wake up in the morning……」，就覺得好酷，回家上網看他們的影片覺得滿喜歡的，就開始聽臺灣饒舌歌，我喜歡這種很凶、很有 power 的音樂。我也很喜歡潮州土狗，後來竟然有機會和他寫歌、拍影片，這個後面再說。

力爭上游，認真的黑龍——來臺求學的故事

#北科、臺科，傻傻分不清楚？兩個我都有

前面說過了嘛，來臺灣就是為了要念書，每次打電話回家，我爸都會說：「你要好好讀書啊，要當個好學生喔！」不能忘記爸爸對我的期待ね。所以我在北科大土木工程系一直保持很好的成績，獎學金、書卷獎都會盡量拿到，真的很認真。畢業後又去讀臺科大營建工程系，所以北科大還是臺科大？沒有搞錯，兩個都可以啦！

學校的生活，我也很活躍，很喜歡參加校內、外的活動。能學的都盡量學，光是語言就學了中文、法文和西班牙文，不過因為太忙了，所以沒有繼續學西班牙文。可是我一直都保持每個學期、每個科目都 all pass，我記得自己成績平均績點

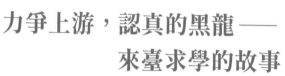

（GPA，Grade Point Average）是三．八（滿分是四），沒有很厲害啦！

#老師的寵兒？每一科都吃得開

北科大的老師有些很有趣，也有像媽媽一樣對我們很好的，所以我很喜歡和老師當朋友。最喜歡的就是中文老師——楊琇惠老師啦！就算畢業了，很多學生還會回去找她，告訴她最近過得怎麼樣，而且遇到困難也會去找她聊一聊。

有個教工程數學的教授很特別喔，你看他穿衣服都皺皺的，很隨性，甚至鞋子還有破洞。年紀老老的，但他一講英文，超級標準！你閉眼睛會以為他是美國人ね！而且他講完課後，都會用剩下的時間和我們分享人生道理，還有金錢觀、人生觀，我很喜歡聽。印象最深刻的是他曾經和我們說：「**不管你去哪裡、做什麼事，都不要忘記自己的國家。**」

有一個老師我也很喜歡，他是教地基的，那時想和他一起做研究、上研究所，可是他說要退休了。本來我考慮要去中央大學、交通大學或臺大的土木工程系念研究所，可是他推薦我，如果想做地基工程－地下連續壁施工法的研究，應該要去讀臺科大，那邊有臺灣最好的資源。後來我決定不追求臺大，就去讀臺科大的研究所了。

#大震撼！臺、甘斷交怎麼辦?!

就在我被選入「模擬聯合國」（Model United Nations，MUN）時，甘比亞和臺灣斷交了。還記得那天是星期五，早上一打開手機就看到 Breaking News！幹，一大早的，室友都還在睡覺，馬上把他們叫起來：「完蛋了啦！出大事啦！出大事啦！」

在那之前（二〇一二年），臺灣的馬英九總統還有到甘比亞和我們的總統做伏地挺身、踢球，而且當時的甘比亞總統也是最敢在聯合國直接講臺灣的事情的人，他應該很挺臺灣啊？完全沒想到會突然斷交ね！

那天去學校上課，所有同學的心情都很 down，因為不知道接下來會怎麼樣。

有一個教我們法文的老師，上課時特別提醒我們這幾天出門要多加留意，因為聽說有些臺灣人很生氣，跑去甘比亞大使館丟東西，還說感覺今天不適合上課，讓大家回家休息，感覺真的很嚴重。

很多同學都覺得完了，可能沒機會繼續留在臺灣，不知道將來會怎麼樣，所以大家都不念書了，期中考試就隨便應付，我的模擬聯合國資格也因為斷交的關係被取消……可是我說：「不可能，我們一定還有機會！」

一直到期末，大家回甘比亞的機票都買好了，學期剩最後幾天就結束，一整班甘比亞學生都準備要被送回國了，但我還是心存希望地說：「不要放棄，有機會的，我們不會就這樣回去！」

果然，就在學期要結束的前幾個晚上，老師突然告訴我們好消息：「不用回去了！甘比亞政府已經承諾會全額補助，讓你們繼續留在臺灣念書！」哇！危機解除！那時我的同學都看著我說：「太誇張ね！你怎麼會知道啦？怎麼被你說中了？」其實我也不知道，只是我一直很相信生命會自己找到出口，我們擔心太多也沒有用，就順著走吧！

參加二〇一五年政大的 Taipei MUN

很認真發表的樣子，有被我帥到嗎？

到紐約參加模擬聯合國的團隊

#在球場上全力奔跑！不能放棄的足球夢

來到臺灣後，除了學習一直都很認真，另外一個興趣就是運動了。我有參加學校的籃球比賽和足球比賽。籃球打得不太好，我就不說了。不過足球隊踢很多比賽，有學校的校友盃、大專足球聯賽，還有我最驕傲的——臺灣盃國際移民足球賽，代表甘比亞隊拿到冠軍啦！

雖然現在一邊工作、一邊當 YouTuber，時間都快不夠用了，可是如果有足球比賽，我還是會去踢。

臺科大讀碩士有加入足球隊，所以認識很多朋友

球隊有機會到不同地方比賽，這場是在嘉義和屏科大比賽

代表甘比亞參加比賽，我是隊長，所以站在最中間，仔細看嘉明，
他穿綠色球衣，因為他是球隊的守門員喔

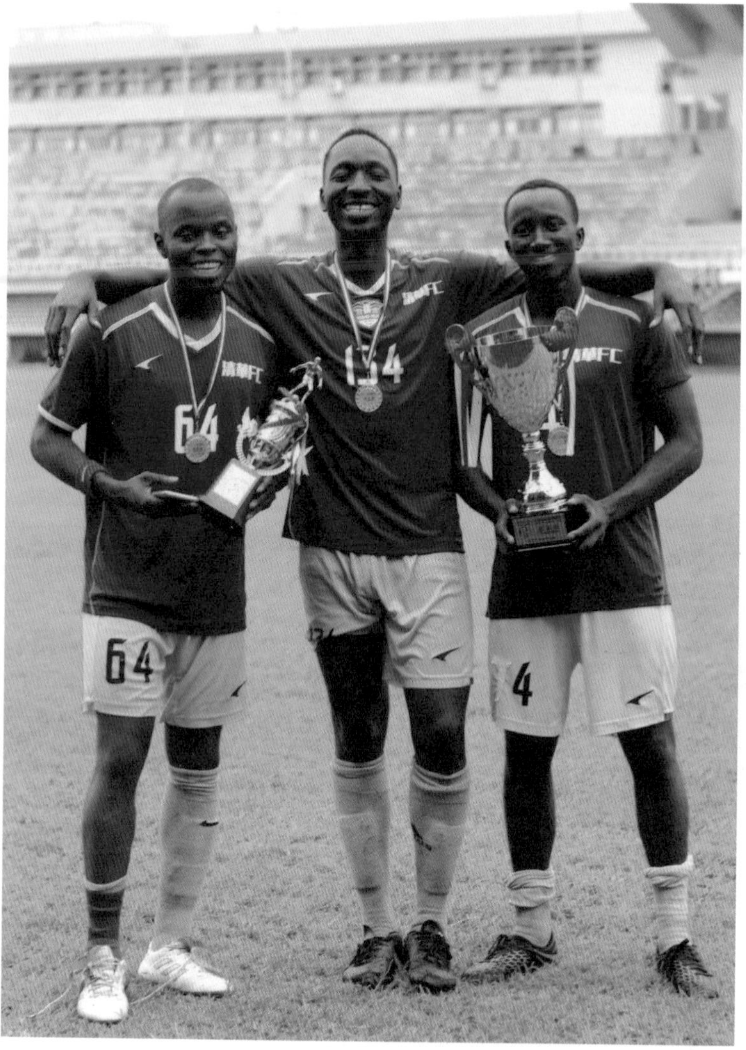

可能很多人覺得黑人在臺灣踢足球應該很輕鬆，
沒有ね，很多很強的人耶

足球隊的尾牙，我穿得很帥吧

#大學畢業，回甘比亞兩個月

北科大畢業後，二十五個甘比亞學生就被送回國了，我也回去放了兩個月的假，但其實我那時已經申請到臺科大研究所。爸媽知道後覺得很開心，他們說能讀書就盡量讀吧！沒想到再下一次回甘比亞……已經是五年後了。

雖然我喜歡讀書，但本來念完研究所後，教授一直勸我：「要不要繼續念博士？你很適合繼續讀！」我就覺得不要了啦，如果一直念下去，可能就會往學術界發展，但我更想要學以致用，就決定出去工作賺錢了。

碩士班畢業和同學們合照

碩士班畢業和同學們合照

北科大畢業照

奇怪 ?! 中間怎麼有臺灣學生混進來了？那個不是同學，
是我們班的助教，因為大家感情很好，所以請她一起拍

臺科大的同學們，都是很厲害的人喔

研究生黑龍畢業啦

PART

3

哭啊！這就是瓦干達 style

——黑龍的臺灣生存術

黑龍來臺灣後篇

黑龍在臺的正職——我是工程師啦

很多人看我的影片，都以為我是全職 YouTuber，但沒有ね。我來臺灣是念土木工程學系，畢業後當然想找相關工作。我在一間滿大的營造公司上班，當土木工程師。公司會負責承接各種建商、政府的建築工程案件，我的工作就是負責規劃土木工程、看圖、對圖、到工地實地查驗、安排工班，還有溝通、追蹤工程進度等，很認真的工作啦！像新店裕隆城 Yulon City 和 NOKE 忠泰，就是我們蓋的ね。

大部分時候，我都早上七點去上班，下班後晚上七點才去拍影片，為了兼顧兩邊，一定要「時間管理大師」一下了啦！而且我上班就是很認真把事情做好的那種人，和大家在影片中看到的我不太一樣，同事看到我的影片都覺得我是不是精神分裂，因為真的差太多了啦！你們很難想像超級嚴肅、都不搞笑的我吧！

NOKE 忠泰上梁典禮，和我的工作夥伴們一起拍照

認真的上梁典禮

地下連續壁施工法

在 NOKE 忠泰加班

這是我參與的案子，
蓋很大的房子ね

研究所到蘇花改的工程觀摩，看起來已經有模有樣了

和碩士班同學去看臺九線施工

#黑龍很乖，臺語髒話這麼溜，一定是被帶壞了啦

我很喜歡學語言，尤其是當你到了某個國家，我覺得要學那個國家說的話，這是一種尊重，也是學習這個國家的文化。我來到臺灣沒多久就發現，欸?!你們有些人會說別的語言，一種我們學中文不會學到的——原來是「臺語」啦！可能我的「語感」還不錯，一聽就知道了，我一直想學，第一個是覺得講臺語聽起來很酷，第二個是很多髒話都是用臺語講的，不是我故意要學的ね。總之，後來有機會和臺灣朋友交流，我會問他們和學一些簡單的臺語，一開始是打招呼的「呷飽未」、「哩厚」，結果發現一個甘比亞黑人講臺語，好多人聽了會一直笑，他們都很驚訝「黑人怎麼會講臺語」，我覺得很好玩，就更想學了。

出社會工作後，因為在工地上班的關係，很多同事、工人或客戶都會說臺語，我就有機會學到比較多。比較好笑的是，一開始同事教我，想和別人打招呼就說：「三小啦！」我一聽就覺得這個怪怪的ね。不過還是會因為好玩跟著亂講，結果真正的意思是很久之後才知道。已經開始拍 YouTube 影片後，才有人問我知不知道

「三小」是髒話，我知道那個「小」是什麼意思後，有時就不敢亂說了啦！在甘比亞，我們通常不會講這種髒話，而且最嚴重的也沒有臺語這麼髒。

「水啦！」也是有點怪怪的，一開始有人教我，講了之後大家都笑得很開心，但我不知道是什麼意思。後來才知道是有個黑人在維○力廣告裡講過，所以大家看到黑人說「水啦」就會覺得很搞笑……欸，欺負黑人了啦！更好笑的是，水啦、水啦講久了，還有人真的以為我就是廣告裡的黑人ね！

我現在已經會講一些比較長的臺語句子，像是「黑人牙膏，別人胎哥」、「大給厚，哇係黑龍！」這些經典 slogan。可是老實說，我學過這麼多種語言，你問我哪一種最難？真的就是臺語了ね。光是八種不同聲調就覺得太難了，我再慢慢學啦！如果可以，我也想學客家話和臺灣原住民的語言！

黑龍與他的快樂小夥伴——黑人男子團體？

我在臺灣的朋友，除了學校的同學、上班的同事之外，還有大家知道的「三黑」，就是黑龍、嘉明和黑牛啦。很多人覺得我們三個在一起很像黑人幫派，而且他們現在都喜歡叫我「龍哥」，更像什麼團體了，但其實我們都是好學生。

第一次和歐郎兄弟一起拍廣告

#臺尋三黑——我的黑人好朋友！

頻道裡偶爾會客串的「歐郎兄弟」嘉明和黑牛，他們都是我在甘比亞高中畢業後就認識的朋友，一起來臺灣讀書。不要看他們在影片裡都好像很笨笨的樣子，其實都很會讀書喔，黑牛還是讀博士的ね！

當初節目企劃想找一群黑人拍影片，應該很吸引目光，效果可能會不錯吧？我問了身邊最好的朋友，反正就試試看嘛。有時會找他們來，像是拍〈三個非洲人看臺灣經典迷因〉、〈三個非洲人吃火鍋〉、〈三個非洲人猜臺灣女藝人年紀〉等，和他們一起玩，每次都笑死我，好笑到這些影片我現在還會想再回去看！

我和他們本來就很熟，錄影時開玩笑就更放鬆，粉絲也很喜歡這種自然的反應，慢慢就形成「臺尋三黑」。甚至他們還開了自己的節目〈嘉男牛魯〉，吼！搶我的粉絲了啦！

過年和兄弟們一起去爬象山

#夜來夜好玩？黑龍的臺灣夜生活

其實私底下的我是比較嚴肅的人，我的ＩＧ大部分追蹤的都是世界大事、國際新聞、戰爭議題或建築方面的消息。另外比較輕鬆的是健身、籃球、足球等，偶爾因為工作會看一些臺灣 YouTuber 的影片，但那些美女或一些色色的，我其實很少看。

不要看我這樣子，我很少一直看女生，當然看到漂亮、可愛的還是會覺得：「喔！這個不錯喔！這個身材很辣。」但不會一直看或一直想看，會覺得有點奇怪啦！

我不會到夜店帶女生回家（撿屍），我的宗教信仰不允許這麼做，而且我覺得很危險。尤其是如果女生喝醉了，我把她帶回家，隔天她醒了打電話報警怎麼辦？不要說龍哥沒告訴你，男生也要懂得保護自己！

因為我們去夜店不能喝酒，大部分都喝可樂，自己把氣氛炒到超嗨。如果我瘋起來時四處鬧人家，別人會以為我喝醉了，其實我清醒得很（現在說出來就被發現了啦）。但是，我在夜店裡不會亂搭訕別人啦！（表示夜店外就可以嗎……）

#臺灣遇到愛——黑龍的異國戀愛經歷

我在臺灣交到的女朋友是一個日本女生，有一次，我們認識的一群學弟因為剛滿十八歲，所以很興奮說要一起去夜店玩。那天結束後，我在夜店附近找腳踏車回家，在路邊看到一群從夜店出來且喝得滿醉的日本人和韓國人。

我平常不會在路上搭訕女生，不過那天看到其中一個日本女生，覺得很漂亮，就

因為交了日本女朋友，約會就要去日本了啦！我穿這樣適合嗎？

上前和她們講幾句話、聊了一下，我直接問她有沒有男朋友，沒有?!可以給我妳的LINE嗎？我就是這樣直來直往的啦！

後來的故事你們就知道了，我在臺灣交了一個日本女朋友。

#黑龍把妹術——黑人有比較吃香嗎？

我喜歡有氣質的女生，條件是穿著不能太暴露，頭腦要聰明，如果太吵也不行。這應該不分國籍、不分膚色，大家都想和自己個性合得來的另一半交往吧！

但我是不太會限制自己的人，和女生只是吃飯、認識都很ＯＫ。對了，偷偷和你們分享一個小祕密：每次和女生約會，我都會準備小禮物。有時只是去便利商店買個巧克力，女生通常都會很開心。而且我還可以順便開巧克力的玩笑，展現我的幽默感，是不是很方便啦！

你說黑人交女朋友有沒有比較吃香？我不知道，這要問女生ね。

#種族歧視在臺灣——要學會尊重了啦！

雖然我的個性很 peace，對歧視的事情不會很敏感，可是有時還是會遇到一些很扯的事情，大部分我都是笑笑回應他們，但還是希望這種事情可以愈來愈少，彼此可以更互相尊重。

比較好笑的經驗是，有次我在工地洗手，拿了一塊白肥皂在手上搓。旁邊來了一位工人，他盯著我看一看問：「**你這樣會愈洗愈白嗎？**」

我轉頭看他，年紀大約超過四十歲。我和他說：「我已經洗了二十幾年了ね，可是都沒有變白耶。」

那位先生聽完好像意識到自己問了一個笨笨的問題，「喔」一聲就走掉了。我覺得大家已經不是小孩子了，有時問出口前可以先想三秒鐘，記得要懂得尊重了啦！

還有一件滿好笑的事情，我不知道是臺灣人太可愛還是太單純。屏科大也有甘比亞來的學生，有一次要去找他們，搭上一輛計程車，司機聽到我說臺語，先稱讚我說得很好，接著問我：「要去屏科大幹嘛呀？」

我就騙他說：「我要回家啦，我是屏東內埔人啊！」

他嚇一跳：「哇！真的假的?!你是屏東人喔？可是看起來沒有很像啊！」

我繼續說：「我的祖先很久以前從非洲來的，我在屏東出生、長大，你看我臺語嘛欸通啊！」

他居然相信了，問我：「你爸媽是屏東哪裡人啊？」

最後我朋友笑著說：「屁啦！明明是從甘比亞來的！」

真的是很可愛又很好玩。

我喜歡開玩笑說自己是「內埔老兵」，因為我到內埔後，覺得怎麼什麼都沒有，全部都是眷村啊！我和屏科大的學生說：「你們這邊都是過內埔老兵的生活喔？」臺北黑人歧視南部黑人了啦！

PART

4

水啦！吸收臺灣日月精華，網紅黑龍全進化！

黑龍成為 YouTuber 篇

成為 YouTuber 之前——原本就很愛表演了啦！

也許有人會覺得「不過就是一個黑人嘛，有什麼了不起」、「臺灣人很喜歡看外國人，所以黑龍一定輕輕鬆鬆就會紅啦」……真的是這樣嗎？我當 YouTuber 之前到底是怎樣的人？為什麼可以變成網紅呢？

#扭動超強的屁股，連副總統都說讚的非洲舞

二〇一三年，那時我被朋友邀請加入一個非洲鼓的表演團隊，有些成員來自甘比亞、肯亞，也有不是非洲國家，而是中南美和美國的人，大家對非洲舞有興趣，聚在一起練習、表演。

印象很深刻是，我們在國慶日那天受邀到總統府晚會表演，我在團隊裡算是比較活潑且最喜歡表演的，所以那時其他人負責打鼓，我和兩個女生負責在前面跳舞。我們租了非洲服飾，穿著裸著上半身、下面是草裙的裝扮，我跳了一個超crazy的舞，全場都看得超開心ね。雖然我高中是話劇社成員，所以有很多表演經驗，不過也是這次才知道我那麼會跳舞。

跳舞時的超強扭屁股，我爸媽都沒看過。但有次甘比亞朋友黑熊幫我把筆電拿回家，就被我哥看到這段跳舞影片，後來看到我回甘比亞，我哥看到我還特別說：「那個跳舞影片是你喔，你很強耶，怎麼到臺灣就會跳舞了啦！」害我覺得很不好意思ね。

當天活動結束後，參加臺灣國慶典禮的甘比亞副總統，特地把我們叫到他住的飯店房間，一看到就馬上認出我：「你就是剛剛跳舞的那個同學。」和我們說：「原本只知道你們這些學生是頭腦好來臺灣念書，沒想到打鼓、跳舞也這麼厲害！」後來給我們一個紅包，大概超過一千美元。大家拿到這筆錢，就一起去慶功吃東西花掉了。可是這個獎勵給我很大鼓勵、讓我更喜歡表演這件事。

#什麼表演都接？大家開心，我就開心啦！

舞團陸陸續續接了很多非洲舞表演，去過很多飯店、遊樂園，還有尾牙活動。除了非洲舞，也曾表演過紐西蘭毛利戰舞。記得有次收到信義區一個老爺爺邀請，在一〇一附近的豪宅社區裡跳舞給他的家人看。反正我就是當成賺錢表演，沒有往歧視、物化的角度去想，看的人開心，我就開心，說不定以前你們就已經在那個活動看過我嘍！

跟著團隊一起跑大大小小的表演場，我真的很愛表演給大家看，讓大家開心ね

換上非洲舞的裝扮，
看起來是不是很有氣勢

受邀到公司尾牙表演
非洲舞

#媽我上電視了！以本名上《綜藝大熱門》

因為舞團的關係，二〇一五年接到當陳漢典伴舞的工作，我第一次上臺灣電視節目——《綜藝大熱門》。當時漢典哥要模仿火星人布魯諾（Bruno Mars）的〈放克名流〉（Uptown Funk），要找兩個黑人伴舞，其中一個就是我啦！當時還沒有「黑龍」這個綽號，我是用臺灣本名參加節目錄影。

說到這邊，你以為我是因為這樣才加入卡提諾狂新聞，變成現在的黑龍嗎？Nah，為什麼會「**從黑人變成黑龍**」真正的起點現在才要開始……

第一次上《綜藝大熱門》

黑龍第一次上電視節目

交到外國 YouTuber 新朋友 SOYA（右）和海恩（左）

上節目認識可愛的
娘娘，撒挖低咖

外國 YouTueber，來自法國的元元

從黑人學生變成臺灣人氣網紅？——成為臺灣黑人 YouTuber 前

#這個人怪怪的ね，但沒有你們，就沒有現在的黑龍

當時黑人迷因、黑人舉牌的影片在網路上爆紅，卡提諾狂新聞就想要找一個真正的黑人，拍一些好笑、好玩的影片。

有一天 I G 突然收到怪怪的訊息，一個奇怪的人說想要找我拍影片，看起來真的很奇怪，所以我沒有理他。但其實那時我本來就有點想要做 YouTube 影片，和幾個朋友討論一起經營，想拍一些好笑、講一些幹話的內容，只是那時沒有人會剪片、後製，所以沒有開始動作。

後來想一想，既然現在有人想找我拍影片，這樣不是剛好嗎？反正當成是來玩，沒什麼損失，來試試看吧，就跑去面試了。

第一次面試時，簡單聊我可以接受的內容，能不能接受上鏡拍影片等，我對這方面都很 open，所以面試談得十分順利。唯一不順利的就是：「欸?!和我面試的這個人，英文怎麼這麼爛！」（笑）

以下請到被說英文很爛的面試官 Bob 現身說法——

Bob 解釋：

當時公司原本想要我們提出一些新嘗試，我想來想去，覺得外國人在臺灣一直都算滿吃香的，但外國人體驗臺灣的節目已經很多了，所以就想：

「那我要黑的！」

當時黑人迷因很夯、很有話題性，我們曾經嘗試和黑人買一段推播影片，請一群黑人拿著版子跟著念：「按讚、訂閱、分享。」效果很不錯。我馬上鎖定目標「找一個黑人」，設定條件當然第一個是「臉要帥」，而且還要壯，畫面才夠好看，最好還會說中文。

一開始透過同事牽線，找到一個有在踢足球的黑人朋友，但因為中文不太好，試了一、兩次覺得沒什麼火花，那個單元很快就收掉了。現在回頭想想，要是當時拍得很順利，差一點就沒有現在的黑龍啦！

雖然遇到一點小瓶頸，但我還是覺得「**黑人宇宙**」企劃應該可以繼續發展，就堅持找下去。終於在IG上看到一位專門幫外國人剪頭髮的黑人理髮師，他會

黑龍當時被看中的健身影片，這個在重訓的屁屁，很可以喔

把幫客人剪完頭髮的照片放到IG當作品集，我滑一滑就看到黑龍。

第一眼看了覺得滿對眼的，點進去看黑龍的個人資料，有放一些健身照片，嗯……黑人，check；壯壯的，check；長得帥，check！於是我直接在IG私訊：「Do you live in Taipei now?」

同事一看：「這太像約炮了吧！」

同事看了說這樣不行，就接手幫我和黑龍接洽。總之，幸好

MAR 25, 2020
Hello
Do you live in Taipei now ?
MAR 25, 2020
Yes
What's up?

那個奇怪的私訊……一不小心就要錯過彼此啦

還是讓黑龍順利答應，我們很快安排面試。起初的構想是想在狂新聞片尾放〈天氣預報〉系列，因為正常新聞播完都會播氣象，想說先拿這個試水溫，找一些外國人來播報天氣。

所以，一面試就叫黑龍把衣服脫掉給我看看。

沒錯，他第一天來，我就叫他脫衣服。因為我問他能不能接受一些帶有歧視意味的哏，以及尺度到哪裡，但黑龍都說可以，我想：「欸？這麼free嗎？」就不囉嗦直接叫他脫衣服，扮演當時很紅的辣個男人「里卡多．米洛斯」（Ricardo Milos）！

「連這個也可以，就是真的都可以了吧！」

沒想到後續黑龍的配合度確實很高，脫衣服、綁紅頭巾……第一次合作很順利、很快就拍好，所以接著拍了第二集、第三集。當時光是「一個黑人出現在節目上」就已經很有效果了，受到的反應和回響都很好，我就更確定這個系列可以繼續做下去。不過當然，那時完全沒有想到後來黑龍可以自己主持一個頻道，甚至打出現在這樣的成績。

#從〈狂新聞〉到〈黑色星期五〉

回過頭來說，拍攝〈天氣預報〉系列時，主要是我們寫好腳本讓黑龍詮釋，但一些玩笑連黑龍都覺得好笑。黑龍也會看留言，發現大家真的都很喜歡。尤其黑龍第一次在路上被粉絲認出來，就會被說：「欸欸欸，你是那個天氣預報！」

就這樣慢慢累積一段時間，公司團隊評估過後，決定讓黑龍在《臺灣尋奇》獨立出道，創一個新節目。因為設定在每個星期五更新，所以頻道名稱很直覺地取名為〈黑色星期五〉（笑），黑五就這樣誕生了。

做為〈黑色星期五〉的主角，該有個專屬藝名了吧！「黑龍」這個名字的由來很簡單、暴力，其實就是「歐郎、歐郎、歐郎」講一講就變黑龍（臺語）。當時是〈狂新聞〉的小編想好後直接問黑龍：「你就叫黑龍怎麼樣？」，黑龍二話不說爽快答應（因為他不能不同意）。不過我們都會比較假掰地說：「是把皮膚的『黑』和東方元素的『龍』做結合……」

我想黑龍很受歡迎的一部分原因，就是因為他身為一個黑人，但在可能有點歧視的玩笑上，他都很 nice、很隨和，這種衝突感會讓觀眾特別喜歡。起初我們有想了一些滿過分的哏，像是「黑人到底會不會晒黑」、「擦防晒油到底有沒有用」……不過我當時不敢問，內心的道德底線讓我開不了口。等到大家比較熟了之後，就讓嘉明與黑牛挑戰晒黑企劃，算是時隔多年終於圓夢了。

其實和黑龍合作起來很愉快的一點是，他很認真，我們只要在背後稍微推他一把，他就會精進自己，很努力做得更好。

從一開始黑龍必須把臺詞、腳本寫滿牆上的白板，一直看著練，邊看才能念出來；發展到後來，黑龍對腳本時常會脫稿亂講，講一講之後就覺得：「欸！這好像可以喔！」或「這樣好像更好ね！」有這股力量，才能讓節目能夠一直前進、一直進步。

大家感謝我找到黑龍時，其實我心裡也很感謝黑龍被我找到！

#黑龍人設？歧視哏讓臺灣人都受不了？

其實一開始拍影片時，主要還是公司給我的人物設定，有些內容可能沒有很懂是什麼，但臺灣人看一個黑人講這些，就會覺得很好笑，所以當時就會想玩一些比較地獄哏的內容。我是還好，同事都會先解釋給我聽，徵求我的同意。但有個臺灣朋友，她那時看了還罵我：「你拍的影片太歧視了吧！」反而比我還生氣。後來《臺灣尋奇》慢慢調整，變成「黑人體驗臺灣生活」時發生有趣的事情，大家會覺得很好玩。

我都是用真實反應，像是吃到很難吃的食物，我會吐出來，結果看的人反而比原本更多，我也比較喜歡這樣的影片。有一集是我們猜「臺灣女明星的年齡」，那集我常自己看，還會分享給我的外國朋友看，每次看都會笑死。

#臺尋宇宙再擴張？——三姬時期

其實臺尋的擴張就是公司規劃而已，和我沒有什麼關係。只是在〈黑色星期五〉成功後，公司覺得可以開始慢慢發展出完整的「臺尋宇宙」，於是集合以前拍〈狂開箱〉的元老Lucy，再找臺、俄混血的Inna，還有原本公司內部的後製唄姬，慢慢組成「臺尋三姬」。想說加了一點「香香的」，影片就不會只有我一個臭男生啦。

#傳聞黑龍和臺尋三姬根本不熟?!

其實沒有不熟，我們很熟啊！就是在工作的部分熟，哈哈哈！拍影片的時候都很好，但我是「上班好同事、下班不認識」的那種人，拍片之外，我和她們沒有其他聯絡，完全不知道她們下班之後在幹嘛ね。

Inna 幫我準備回甘比亞的行李

與臺尋三姬的最後合照，那天是
唄姬在《臺灣尋奇》的最後一天

和臺尋三姬去南投與木曜團隊一起拍片

臺尋三姬和黑龍，大家都是好同事啦

沒有不合啦！Inna 都變成我的乾女兒了ね

可是這是我的習慣啦，我喜歡把工作和私生活分開。如果工作時和這個人的關係很近，我私下就不會想和這個人在一起。我覺得她們都是很可愛、很有趣的小妹妹，如果粉絲硬要把我們湊作對，會很尷尬啦！

#導演離開大衝擊?!

大家之前起鬨很久的導演雪瑞，其實也是相同狀況。因為影片裡有個女生的聲音，會罵我、會笑我，也會和我玩，所以很多粉絲說：「黑龍和導演在一起了啦！」一開始開玩笑還好，而且公司覺得炒ＣＰ很有話題，所以我們就沒有特別說不是。不過後來大家一直講就有點多了ね，看啦！最後導演都被你們嚇跑了（開玩笑的啦）！

我知道很多粉絲因為導演離開很難過，可是她有想做的事情，我們就祝福了啦！之後臺尋會有其他新的人來，也許還會有人離開……要學會接受，然後繼續努力啦。

#全明星運動大會——黑龍再翻紅

說到木曜運動會，那時我覺得超誇張的ね。因為都是坤達一直贏，根本變成「坤達運動會」，所以就找我參加，讓坤達有個對手。不過因為從比賽結束到影片正式上架，大概要等三個月，那時有說參加運動會的事情要保密。除了參賽者之外，只有身邊幾個很好的朋友和當時的女朋友知道我有去。

可是粉絲很厲害ね！影片還沒上，居然就有很多人私訊問我：「你是不是去參加運動會了？」因為他們看我和木曜的人在社群上有互動，覺得我們怎麼變熟了，這樣就猜到耶！

參加運動會前，就有人說：「你要打敗坤達喔！」所以我先上網看影片觀察，看了之後覺得：「欸，這個人滿厲害的喔！」不過心裡又偷偷覺得：「嗯，我應該有機會贏喔！」大概是因為這樣，讓比賽增加更多刺激感，所以讓我受到歡迎！

黑龍第一次加入木曜運動會，終於對上最厲害的 MVP 坤達哥

不過說真的，因為坤達哥的年紀比我大十歲耶！他能有這種表現真的超厲害啦！是很可敬的對手。

#職業大公開！第一次告訴大家真正的我

雖然平常拍一些「黑人吃炸雞」、「黑人吃熱炒」或「黑人吃臭豆腐」這些讓外國人體驗臺灣日常的影片，我覺得很好玩，但就像前面說的，其實我已經在臺灣住很多年，很多食物早就吃過了啦！所以影片裡我都是盡量表現出剛來到臺灣時會有的反應（對啦，就是有一點點演啦）。

但有一支影片不一樣，就是「黑龍正職初公開」。有點致敬《木曜4超玩》的〈一日系列〉，帶著 Inna 去拍我平常上班的樣子，算是第一次讓大家知道我比較認真的一面。也是這個時候大家才知道我不是全職 YouTuber，原來是建築工程師！和我平常的形象差太多了，影片出來很多人都嚇到ね，但這才是我真正的「黑人在臺灣日常」，對我來說很有意義。

平常可以搞笑、嘻嘻哈哈，但工作時就要很認真、嚴肅對待，
因為工地真的很危險，沒在開玩笑的ね

＃在YouTube幹過的大事！和政治人物合作？

我在臺灣發現一件很特別的事情，就是臺灣政治人物很多會和 YouTuber 拍影片ね。那時看到就想：「要是哪一天我也可以和總統拍影片多好啊！」感覺很厲害，不過一直沒有機會……

由於「黑龍正職初公開」收到的反應很好，我們就接到新北市政府的合作邀約，沒想到第一個和我合作的政治人物，就是新北市長侯友宜啦！我們一起宣導「工安尚重要」，我帶他到工地巡邏。印象很深的一點是：他比我想像中的矮ね！因為平常看新聞，很少注意到他的身高，看到本人才發現，他好小一個喔！

第二點是，他很好笑ね！和印象中的政治人物不一樣，非常親切，而且他看到我講臺語，也和我用臺語聊天；我幫他量體溫，他說：「那你也要量啊！」感覺是很有趣的人。

和市長一起拍影片好好玩

#你不知道黑人都會 rap 嗎?‧黑龍的饒舌初體驗

接到政府的戒菸宣傳，我們想用一首反菸的歌來告訴大家吸菸對身體不好。於是找了我最喜歡的臺灣饒舌歌手之一——潮州土狗——合作，讓他教我 rap 和寫歌詞。這是我第一次進錄音室錄音，而且也是我第一次寫歌詞。

印象中潮州土狗唱歌時很凶ね，那天他第一句「牙周病……」唱下去，整個 on fire！但他私底下很害羞，是個講話很小聲，而且笑瞇瞇的年輕人，和印象中差太多了。但我覺得很好玩，潮洲土狗老師說我很有天分ね。這次錄音對我來說是很有意義的經驗，欸，不知道大家有沒有想念 rapper 黑龍？有沒有偷偷期待我以後去當饒舌歌手啦？

與潮州土狗的合作影片

黑龍＆潮州土狗—反菸大使

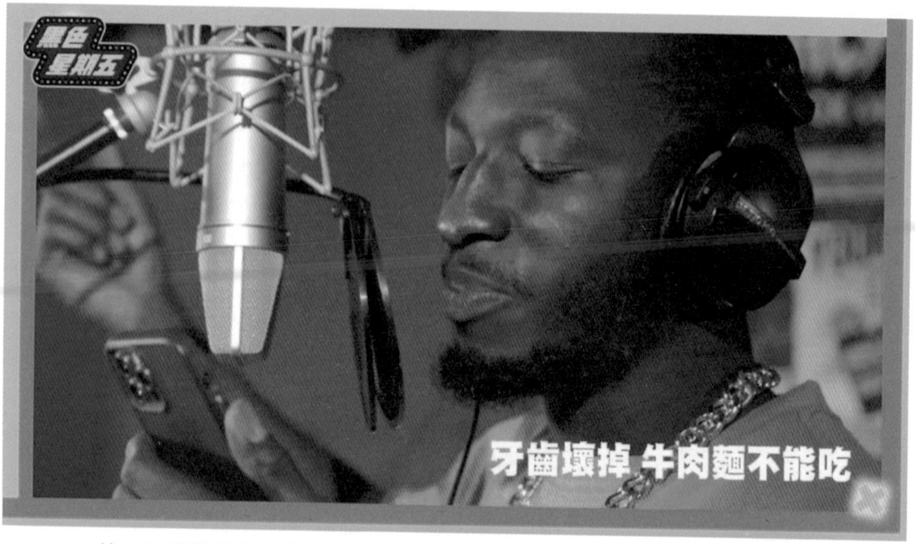
黑色
星期五
牙齒壞掉 牛肉麵不能吃

第一次挑戰饒舌創作，
也是第一次拍 MV

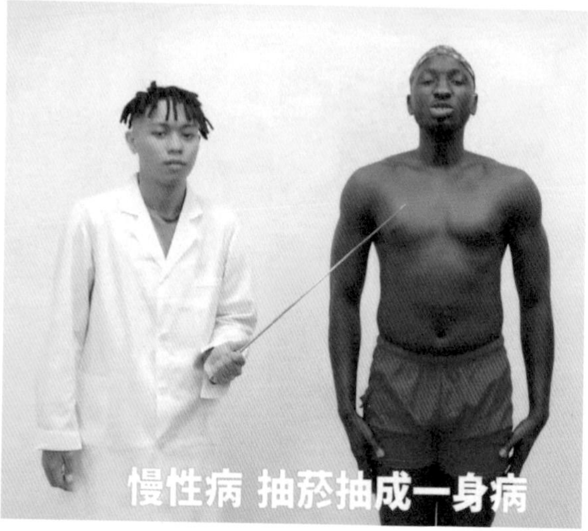
慢性病 抽菸抽成一身病

#甘比亞逆襲！真正的一夜成名就是這支啦

成績最亮眼的時刻就是二〇二一年發布的〈甘比亞特輯〉系列，那時真的太 crazy。本來只是因為很久沒回家，真的很想回去看看家人，結果和公司提出來要回甘比亞後，這個神企劃就這樣展開了。

甘比亞特輯

沒想到我私心想做的事，居然也是頻道起飛的轉捩點、那天晚上發完影片我就睡覺了，隔天早上起床：「欸?!怎麼三十萬觀看了？」四十萬、五十萬……很快就破一百萬、二百萬。我真的嚇到了ね！還有很多媒體和新聞都跑來轉發，也增加很多追蹤和留言，一下子突然爆紅，真的太瘋狂了，現在想起來都還是覺得 crazy！

第一次回甘比亞是我和導演雪瑞、攝影 One Punch 三個人，要把原汁原味的甘比亞介紹給大家，那時也不知道結果會怎樣。因為從學校畢業、開始工作後，一直都很忙，找不到時間回去（光是從臺灣搭飛機到甘比亞就要花十九個小時以上），就這樣過了五年。

那次回去，我們家很多地方都不一樣了，房子經過重新整修，我居然是和導演他們一起第一次看我的房間，感覺怪怪的ね。還有哥哥的小孩和第二個媽媽生的小女兒，也都是第一次看到他們。

但改變最大的事情是，我爸爸的眼睛因為生病的關係已經看不見了……我看著爸爸，但他卻看不見我，心裡真的很難過，不小心就哭出來了。爸爸一直叫我不要哭了、有什麼好哭的，這是我第一次在大家面前哭，難得露出感性的一面……唉唷！一定是因為有沙子跑到我眼睛裡面啦！隔這麼久，終於吃到媽媽煮的食物，超級感動……我真的太想念甘比亞了啦！

除了回去見家人，「進擊甘比亞」做了很多挑戰，把很多臺灣零食帶去給甘比亞家人吃。之前就覺得，臺灣人真的很喜歡看外國人吃臺灣小吃ね，那次回去，終於知道這是什麼感覺了啦！看大家覺得很難吃、直接吐出來，或是好吃到說：「水啦！」真的很好玩。

我趁機回去清真寺和殺羊，因為不方便拍攝，很多東西就沒有給大家看了。但終於可以讓大家看到一些甘比亞文化，我真的很開心ね。

房子整修

好久沒見到爸爸，
爸爸眼睛已經看不見了

還有去甘比亞的動物園、市集、演唱會……就是很簡單，讓大家看一下甘比亞的生活，顛覆很多人對非洲的印象。我更高興的是，也有很多網友看完後說想去甘比亞玩ね。

有好多人因為〈甘比亞特輯〉認識我，這一系列的影片不只把我們的粉絲、人氣都衝起來，更把我們帶到了走鐘獎的舞臺上。

清真寺的建築很漂亮吧

趁機會見到很多好久不見的老朋友

在臺灣認識的甘比亞朋友，大家都變了好多，還有人都生小孩啦

#走了啦！我要拿下走鐘獎！

自從有了臺尋節目後，好幾次我都覺得：「欸！我好像變紅了ね。」從靠「黑龍第一次吃臺灣罐頭」入圍二〇二一年第三屆走鐘獎的「懂吃大吃獎」時，感覺好像這個頻道已經很厲害了，雖然沒有得獎，但能參加臺灣最大的 YouTuber 盛會，已經很光榮、很棒棒了！

之後，以為去參加〈木曜運動會〉就是YT事業的巔峰，因為比賽有好的表現，部哥他們的好多粉絲，後來也成為我的粉絲，網路上討論我的人愈來愈多……感覺這樣已經可以算是 Highlight 了吧！

〈甘比亞特輯〉「黑龍家鄉大公開」在二〇二二年第四屆走鐘獎不只入圍「說走就走獎」，還讓我如願拿到獎盃啦！其實我們本來報名十七支影片，結果只有入圍這一項，但也靠唯一入圍的影片贏了。

我和剪輯大功臣 One Punch 一起上臺，感謝他把歡笑和淚水剪成這麼精彩的影片。我的得獎感言一開始就說：「我來臺灣發現很多人誤會非洲、誤會黑人，以為是因為非洲太陽很大，所以我們就變黑人了。可是我在臺灣很久了，也沒有變白ね！」讓臺下的評審、創作者哈哈大笑。

我一直都很有信心可以拿下這個獎，所以感言早就想好了。這就是我一直很想講的話，這次終於有機會可以讓這麼多人聽到。穿了媽媽替我準備的衣服上臺，感覺家人一直支持著我——我在臺上許下承諾：「我爸說看不到沒關係，摸得到就好了！」我知道爸爸沒辦法看到我在走鐘獎得獎的畫面，所以我想把獎盃帶回家，讓他知道：「爸爸，我得獎了啦！」

隔了一年，臺尋有些人離開了，但也加入新的人，
還是一個很棒棒的 family，以後會繼續變得「更大」

說好「要把獎盃帶回去給我爸爸摸」，這句話把臺尋的人和好多觀眾都惹哭了

在臺上一講到媽媽，我又不小心哭了啦，奇怪了ね，怎麼臺灣也有這麼多沙子會跑到眼睛

擔任〈甘比亞系列〉編導與後製的 One Punch，表示雖然過程辛苦，但很榮幸能夠利用這個機會發揮《臺灣尋奇》的精神，讓大家更認識黑龍的家鄉

#實現承諾，甘比亞 I'll be back!

我得獎後一直想要實現在臺上的承諾，終於在二〇二三年年初，帶著走鐘獎的獎盃回家了。雖然我從小到大拿過很多獎，可是這一個獎盃對我的意義特別不一樣，因為這個獎盃不只是我一個人的，是臺灣尋奇所有人的，也是屬於我的家人的。有我爸、我媽、我的家人，才能讓我拿到這個獎，我想把這個榮耀獻給他們，獻給我的國家甘比亞。

這一次，我是偷偷從臺灣跑回甘比亞，事前沒有和家人說。而且不只我，還有好同事珍珍、攝影師駿寶，我的兄

我爸爸摸到走鐘獎了！謝謝粉絲們給我爸爸的祝福和加油，我都有和爸爸說了啦

得到這個獎，最想要分享的就是爸媽，隔了快一年，終於實現承諾，
可以把這份榮耀帶回家了

我媽看到獎盃非常開心，不知道以後有沒有機會帶更多獎盃回來給他們看

弟嘉明也終於回家了！有了嘉明一起的「龍係嘉己郎」，我們就有兩倍的力量可以讓更多人看到甘比亞，真的要愈做愈大啦！

甘比亞特輯第二彈，第二次回甘比亞的臺尋夥伴們：駿寶（左下）、嘉明（中）、珍珍（右），以後一定還要有第三彈、第四彈……好不好

#分開不會是結束！要繼續走我們的夢想之路

雖然前面說過，我和同事都只在上班聯絡，但是，隨著我的好兄弟黑牛和嘉明加入，還有和臺灣尋奇團隊相處這麼久，甚至一起回甘比亞……真的愈來愈有革命情感了啦！尤其是一直在幕後幫我處理很多事情的經紀人——Andy 哥哥。

Andy 哥哥是一個很 nice 但又很謹慎的人，十分關心別人，而且工作真的很認真。他當我經紀人的這段時間，所有事情都可以很放心地交給他決定，而且私底下他也會照顧我的情緒，貼心到像爸爸一樣！有時候我覺得累或狀況不太好，他都會發現，跑來問我還好嗎？真的讓我很感動。他細心的程度，一開始公司的人都覺得他應該 gay 了吧（欸，刻板印象）。

平常我們都會互相叫對方 bro，但直到聽見他要離職的消息，我才發現原來他不只是我的工作夥伴而已，「Andy 真的就像是我在臺灣的家人了啦！」知道他要離開的那天，我真的震驚到說不出話來……心裡非常難過，也很捨不得。

我還以為我不會這麼難過耶！這是我 YouTuber 生涯的大事件，讓我認識了這麼好的兄弟！

道別那天，我們抱在一起哭了啦！可是我知道，Andy 一定會希望我繼續發光發熱，所以我告訴自己要更加油！我們都要為了夢想努力

＃黑龍精神不滅——龍之未來計畫

對於在《臺灣尋奇》拍影片、錄節目，我最想做的事情就是，真的很想常常回去甘比亞，把那些大部分臺灣人看不到的一面介紹給大家。真的太多時候，我都會被問很多「到底為什麼啦？工啥小了啦？」的問題，所以我希望讓更多人認識甘比亞是什麼樣子：我們的水龍頭有水，我們馬路上沒有獅子，但有很多車子，而且也有人開賓利、開BMW！甘比亞人也會聊LINE、用WhatsApp……

還有，不是只有甘比亞，我也很想到其他非洲國家，拍一些很進步的地方給大家看。去看衣索比亞的捷運、去看盧安達的高樓夜景、去看德國Volkswagen福斯汽車在非洲的工廠……真的很想讓更多人、讓臺灣知道，非洲到底是什麼樣的地方，非洲到底是長什麼樣子。

還有一個比較簡單的想法，就是我想把非洲各國家首都的照片印出來，在走鐘獎的時候（或是特別找一群人來），拿去問臺灣YouTuber，考考他們「這是哪裡」，看他們對非洲國家的認識有多少。這也是我一直很想做的企劃ね，希望你們在看這本書的時候，我已經完成這些願望了喔！

如果真的有一天，YouTube 不紅了、YouTuber 沒人要看了，我要怎麼辦？答案很簡單，因為我本來就是做建築工程，不當 YouTuber，我還是可以好好在工地上班啊！（不要忘記了，這本來就是我的正職ね）也許那時候，我會回到甘比亞蓋房子，把在臺灣學到的技術都帶回甘比亞吧！

不過希望我的粉絲，不管怎樣都還是要繼續支持我啦！有你們的支持，我才可以一直拍、一直拍，拍出更多你們喜歡的影片——直到有一天，所有人都知道甘比亞在哪裡，不會再有人覺得非洲人沒東西吃，讓這些誤會統統沒有了；直到那一天，臺灣人看到黑人都不會再覺得怪怪的，讓歧視統統消失不見，好不好？

最後，還要讓所有人知道……

「大給厚，哇係黑龍」啦！

最終章

粉絲感謝祭！

——男粉絲、女粉絲的疑問大解密

二〇二二年底，黑龍在ＩＧ帳號「哇係黑龍（@594blackdragon）」限時動態的問答募集了「粉絲們最好奇、最想問黑龍的問題是什麼」，在二十四小時內就蒐集到將近二百則的問題！

可能是關於非洲的、關於我的國家甘比亞，也有些是關於黑人、關於黑龍……裡面有的問題很好玩，但也有很多問題看了真的都黑人問號ね。最後經過篩選，刪掉書中已經講過的、重複提問的、太北七的……以下就是我們決定公開的六十五個「**龍眼祕**」啦！

這些問答裡，我只能告訴你們我看到的、我知道的事情，可能不一定是對的，當然也不能代表所有非洲國家、所有黑人，就只是「**黑龍的答案**」。因為比起正確解答，更希望的是大家能因為我的回答，覺得：「蛤，真的是這樣嗎？」開始對非洲和甘比亞有更多興趣和認識；或是可以從這些問題去想想看：「為什麼這種問題也有人問？工三小了啦！」這樣就夠了。

而且，還有一個最重要的是，可以知道更多你們本來不知道的黑龍了啦！卡緊欸啦！一起看到最後吧！

非洲&甘比亞篇

Q1 非洲人真的會吃泥土做的餅乾嗎？黑龍有吃過土嗎？

A 其實我真的不知道有這種東西ね，但來臺灣後常被問這個問題，好像是因為臺灣很流行說「很窮＝吃土」的關係吧！後來我上網查，好像真的有些黑人國家，像是非洲的幾內亞、中美洲的海地會做泥土餅來吃，不過我也是看網路才知道。自己當然沒有吃過，看了覺得有點怪怪啦！吃起來不知道是什麼味道ね。

Q2 現在的非洲饑荒、缺水問題還很嚴重嗎？甘比亞有這些問題嗎？

A 我家水龍頭打開就有水啦！不過非洲那麼大，像是撒哈拉沙漠那邊有些地方還是有這些問題。不過甘比亞沒有，有些比較內陸的部落可能家裡會沒有水龍頭，但現在幾乎都會有政府蓋的公用水龍頭，可以給那個地方的人使用，所以已經不用「走很遠的路去提水」啦！

Q3 非洲現在愛滋病還很嚴重嗎？黑龍怎麼看愛滋病？

A 愛滋病其實是很複雜的問題，非洲有些地方可能因為戰爭、缺乏醫療資源的關係，比較有HIV病毒的問題。不過我對HIV病毒的了解是念書時健康教育課本教的，我只知道甘比亞的愛滋病人口數，大概不到一萬人吧（全國約二百六十萬人）。

Q4 覺得非洲人都很友善，有不友善的非洲國家嗎？

A 我會說：「非洲人都很友善啦！」雖然在甘比亞，可能會說「塞內加爾、奈及利亞」比較凶，比較不 friendly，但我來臺灣或去其他國家遇到的塞內加爾人和奈及利亞人，其實都非常nice。

Q5 **如果臺灣人想去非洲自助旅遊，推薦去哪些國家呢？**

A 當然是甘比亞了啦！我聽過臺灣人去非洲旅遊，都喜歡去埃及、南非。我最希望大家可以去看看我的故鄉甘比亞，或是我很喜歡的鄰國塞內加爾，我現在最想去的是坦尚尼亞尚吉巴（Zanzibar）群島。

Q6 **非洲人會歧視其他國家的人嗎？（例如在非中國人）**

A 會喔！不過我們不是很嚴重的，通常是言語上開玩笑那種，會說亞洲人是「清沖」，因為講話發音的關係，甘比亞人覺得亞洲人講話就是「清清沖沖」這樣，所以才這樣稱呼。如果是非洲，南非人會比較歧視其他鄰國，他們會比較跩跩的那樣！

Q7 非洲最多白人的地方是哪裡？為什麼？

A 北非有很多白人，大部分是移民和阿拉伯人。我遇到很多臺灣人，他們還不知道埃及在非洲ね。很多人印象中，埃及人的皮膚沒有很黑，就「不像非洲」了啦！哼哼（苦笑）。

Q8 有什麼非洲特色小吃是在臺灣可以自己煮的？為什麼非洲料理那麼多花生？

A 很難。雖然我有在頻道上教過大家怎麼煮，但其實非洲食物在臺灣很難煮得非常道地啦！所以大家想吃好吃的甘比亞、非洲料理，就要去買我出的DOMODA（番茄花生醬燉肉）啦！

非洲料理有加花生，是因為花生在非洲很便宜啊！甘比亞料理很多用魚、地瓜葉、番茄，也是因為便宜的關係。

Q9 曾經看過許多非洲國家會因為宗教因素拋棄剛出生的小孩、流落街頭，是真的嗎？甘比亞有類似的事情嗎？黑龍怎麼看待呢？

A 有，我以前在甘比亞看新聞，有時會看到類似的新聞，可是這不是很常見，只有少部分地方曾經有這樣的事，所以才會上新聞。

甘比亞沒有因為宗教而有棄嬰，反而是有些年輕爸媽養不起小孩，可能會把剛生出來的小孩留在醫院，自己偷跑掉，或是把小孩帶去孤兒院。這種狀況應該在世界各地都有啦。

因此我們政府有蓋了一間很大的孤兒機構，叫做「SOS」。裡面除了可以收養孤兒，還有國小、國中到高中的教育系統，可以讓這些孩子受到好的教育。

Q10 黑龍去過其他非洲國家嗎？除了甘比亞之外最喜歡的非洲國家是哪一個？

A 其實我只有去過塞內加爾，因為離甘比亞很近，所以比較熟，有種好鄰居的感覺。我以前看世界盃足球賽，最支持的隊伍也是塞內加爾！有機會的話，我很想去衣索比亞、肯亞之類的東非國家玩。

Q 11 甘比亞人和非洲其他國家相比，有明顯特色嗎？

A 有ね！你看我就知道了，我們甘比亞人，特別帥了啦！

HeeHee……認真說的話，最好分辨的是口音，甘比亞人講的英文非常標準，因為我們沒有自己的文字，很多東西都是用英文。但像剛果、迦納等，他們的英語受到母語影響，口音很重，甚至明明講英文，但你一個字都聽不懂。在臺灣遇到非洲人，常常聽口音就可以猜到他是哪裡人了。

如果是看長相的話，我的觀察是東非的人比較瘦，西非和中非的人比較壯，蘇丹人很高，南蘇丹人非常黑！

Q12 甘比亞有賣黑人牙膏嗎？

A 沒有！我是來臺灣才看到「黑人牙膏」，覺得用這個會很好笑，所以特別買來用。我覺得沒關係，但有些黑人朋友看到這個真的會不高興ね。雖然現在已經改名字了，可是 logo 還是沒變啊！

Q13 甘比亞人感冒會看醫生嗎？普通感冒看病一次多少錢？

A 不會，我在甘比亞如果感冒生病，通常都是阿嬤或媽媽用藥草煮湯，說喝熱熱的就會好了，或是泡藥草的熱水澡。真的一、兩天就恢復了，所以不太會去看醫生。

不過上一次我回甘比亞，喉嚨痛痛的，很怕是 COVID-19。就有去醫院檢查，結果醫生說沒事啦！開一點藥給我吃就好了，大概花了新臺幣三百元，也沒有太貴啦。

記得剛來臺灣時，第一次感冒才發現，在臺灣感冒特別嚴重ね！真的很可怕，我以前感冒從來沒有這麼痛苦過。發燒、咳嗽、全身痠痛，在甘比亞感冒沒有這麼恐怖ね！

第一次去看醫生，醫生很仔細幫我檢查，只要一百元，嗯，那時就發現臺灣健保真的很棒棒。

Q 14 甘比亞有百貨公司嗎？

A 有啦！不要歧視了啦！雖然沒有像臺北市這麼多，但我們也有很大的百貨公司啦。

Q 15 甘比亞流行的零食是什麼？

A 花生糖，上次從甘比亞帶回來給臺灣朋友吃，每個人都說：「這個是不是在臺灣買的？」吃起來和臺灣的花生糖真的很像。

Q16 甘比亞小時候玩什麼遊戲？會玩踩地雷嗎？

A 我們小時候玩的東西其實和臺灣差不多，我也是玩玩具、拼拼圖，或是會在路邊和朋友踢足球，沒有足球場就自己發明一些規則亂玩。踩地雷有玩啊，就是在電腦裡玩的。

Q17 甘比亞有很多動物嗎？

A 我們的動物就是路上會有貓、狗，樹上會有鳥，有些人家裡會養雞，市場裡會賣羊和牛，田裡面會有老鼠……沒有辦法隨便拔獅子的鬃毛，路邊也沒有斑馬和長頸鹿。

Q18 甘比亞人對亞洲的認知或刻板印象？

A 覺得亞洲人都會吃蛇、吃蟲、吃青蛙、吃蝙蝠，吃一些怪怪的東西。還有就是以為每個人都會「功夫」！所以覺得不能隨便惹亞洲人，不然會被「哇搭哇搭（李小龍的叫聲）」喔。

Q19 甘比亞有什麼特色的賭博遊戲嗎？黑龍喜歡賭博嗎？

A 有很多！也很流行賭足球，我喜歡小賭一點，但太多就不要了，好玩比較重要啦。

Q20 甘比亞有流行的手遊嗎？

A 我不太知道甘比亞有沒有特別流行的手遊，但常在路上看到很多人都低著頭一直按，但不知道在玩什麼遊戲。但我是上廁所的時候會玩「糖果傳奇」（Candy Crush），現在已經玩到七千關了。

以前 Nokia 3310 很流行的時候，甘比亞真的是每個人都有一支。會玩「撿金豆」（Bantumi）和「貪食蛇」，就算到現在，在甘比亞還是有很多人同時用兩支手機，一支用 iPhone，另一支就是 Nokia 3310，用來玩遊戲或當聯絡工作用的公務機。

Q21 土木業在甘比亞的薪水高嗎？甘比亞的基本薪資大概是多少？

A 很高，可是我不知道真正的數字是多少。以前在甘比亞，第一志願是要當醫生，因為當醫生可以賺最多錢。但最近一次我回甘比亞，當醫生的朋友和我說，現在當建築師、土木工程師才是賺更多錢的。

Q25 黑人真的比較大？黑龍覺得自己大嗎？

A 「黑人都很大」是因為你們被A片影響了啦！但那些拍A片的男優，當然都是特別大才能去拍啊！雖然黑人平均有可能比較大，可是我也沒看過全部，不知道是不是真的。我都說小黑龍有六十公分啦，你們相信嗎？

Q26 會討厭大家一直問「有沒有三十公分」嗎？

A 雖然我不會生氣，但會覺得不太尊重啦。你們有可能看到美國人就問他：「你的雞雞幾公分？」看到德國人也問：「你的雞雞多大？」看到韓國人、日本人，你們會這樣問嗎？哭啊！

在甘比亞，我們不會問這種問題。以前在學校，同學間也不會開這類玩笑。甘比亞很多男廁，和女廁一樣獨立一間一間的，不會去偷看別人的雞雞。所以一開始來臺灣常常被問，我都覺得你們超奇怪的ね！

Q27 最討厭聽到什麼問題？

A 要看ね，因為如果你是小孩子，可能很多東西還不清楚，我會很 free 地讓你問。只要我能回答的，問什麼都沒關係。可是如果你已經是個大人，還問一些很奇怪的問題，我就會覺得：「你是不是沒有念書？要多讀書了啦！」

Q28 黑人說「皮膚色」時，是黑色還是皮膚色？

A 我們沒有「皮膚色（skin color）」這種詞，所以平常不會這樣說，也不會遇到這個問題。但如果你要我拿皮膚色的筆給你……我就是拿巧克力色的啦！

Q29 對於「黑人都很會運動、很會唱歌、很會跳舞」有什麼看法？

A 我認識很多黑人朋友運動能力很差ね。雖然我喜歡唱歌，但覺得自己唱歌不好聽啦，只有跳舞覺得還不錯喔！所以說「黑人都很會……」怎麼可能是真的啦。

Q30 黑人跑很快？黑龍的一百公尺最快紀錄是多少？

A 沒有啦，黑牛和嘉明就跑很慢啦。（笑）

我最快的紀錄是在木曜運動會的十二．〇九秒，但以前在學校跑大隊接力，我們的紀錄是四個人只跑四十四秒多喔！

Q31 看過天生直頭髮的黑人嗎？黑龍會想挑戰直髮嗎？

A 沒有看過。我喜歡頭髮捲捲的，覺得這樣很可愛啊！我也喜歡問別人要不要摸摸看我的Q毛，所以不會想弄成直頭髮ね。

Q32 **覺得非洲黑人和美洲黑人最大差異是什麼？**

A 差很多！雖然都是黑人，但連非洲都會因為不同部落文化、成長環境而差很多，更何況是歷史發展完全不一樣的美洲呢？只是我走在路上如果遇到黑人，不管他從哪裡來，我都會和他挑眉，覺得：「欸！buddy 喔！」

Q33 **黑人真的特別怕冷嗎？黑龍比較怕冷還是怕熱呢？**

A 好像沒有，像我是比起怕冷，更怕熱。因為冷的時候可以穿很多衣服，可是熱的話，又不能脫光光在路上走！如果天氣太熱，我連 kimochi 都會不好了ね。

Q34 黑人的視力真的比較好嗎？黑龍的視力是幾度呢？

A

真的比較好，不過不是因為我們會看斑馬，也不是在非洲草原訓練的。是先天基因的關係，還有吃的食物、成長環境這些因素吧。我去年健康檢查時，視力是一．五。

Q35 黑人關燈後真的會看不見嗎？有沒有因此發生的趣事？

A

哼（苦笑）。和你講一個故事啦，有一次朋友問我這個問題，我和他說：「關燈後我也看不見你啊！」我們就把燈全部關掉，一點光線都沒有。結果……真的只有一片黑黑的，我們兩個什麼都看不到！開燈後他才說：「我剛剛也看不到自己。」

Q 36 黑人不愛吃巧克力？黑龍喜歡嗎？

A 工啥小了啦！我超喜歡巧克力啦！而且全世界很多黑人都很喜歡吃巧克力。我知道你真正想問的是什麼……我從來沒有因為吃巧克力咬到自己的手！我知道手在哪裡好嗎？我就問，難道你吃香蕉會咬到自己嗎？

顏色很像啦！但不會咬到

Q 37 黑人會互相比誰的皮膚比較白嗎？

A 有的人會，可是我不會。我覺得有點無聊，皮膚是什麼顏色真的那麼重要嗎？

Q38 黑人最白的地方是哪裡？手掌、腳底還是屁股？

A 才不告訴你咧！

Q39 黑人還會有黑眼圈嗎？黑龍沒睡飽的話會怎樣？

A 仔細看的話會有，我沒睡飽就會不回答這題了啦！

Q40 黑人都喜歡大胸部、翹屁股？黑龍喜歡屁股還是胸部？

A 一定要選的話……我會選胸部吧！可是我不要太大的，健康美比較重要。

Q41 黑人的刺青看得清楚嗎？黑龍有刺青或最想刺什麼？

A

很多黑人都有刺青ね，因為宗教的關係，我不會也不想刺青。

Q42

甘比亞對於「借錢」的看法？會借錢給不熟的人嗎？黑龍對於借錢又有什麼想法？

A

我們對借錢很ＯＫ，不過只會借熟人和信任的人，像是親戚、鄰居之間借錢都沒問題。

而且我們借錢都會還錢，不會覺得「借出去的錢就拿不回來了」。

記得有次黑牛和我借新臺幣一萬元，我馬上借給他，也沒有問他為什麼要借錢。後來他們幫我慶生，就在蛋糕裡面放了一堆紙鈔，讓我從蛋糕裡拉拉拉……算一算剛好一萬元！原來是拿我借的錢送我，哭啊

Q 43 黑龍會想在甘比亞開牛肉麵店嗎？如果可以，想在甘比亞開什麼店？

A 嗯，牛肉麵店不錯，可是我應該會先開珍珠奶茶店吧！因為我認識的人都超級喜歡喝珍奶的ね。

Q 44 黑龍最喜歡的黑人是誰？為什麼？

A 我真的太喜歡雷霸龍．詹姆士（LeBron James）了ね。他不只籃球打得好、球場上很厲害，他還蓋學校、捐很多錢，讓沒錢的小孩可以念書。很多有錢、有名的人會去做一些亂七八糟的事，去夜店把妹等，可是詹姆士都沒有，他很愛家。我也想成為像他這樣的人，一個真正的「好人」。

黑龍&臺灣篇

Q45 黑龍有曾經不小心吃過豬肉嗎？如果吃到要怎麼辦？

A 有啊！第一次是在臺灣喝玉米濃湯，我有先問老闆：「這個沒有加豬肉吧？」結果喝到一半，哇！看到裡面有火腿……但穆斯林如果是非出自願、不知情的情況下吃到豬肉，是沒關係的。在心裡面禱告說：「對不起，我不小心吃到豬肉了。」就好，真的不是故意的啊！

Q46 覺得臺灣的外食對穆斯林友善嗎？

A 不友善，在臺灣要不吃到豬肉太難了啦！我常覺得自己都有注意了，但後來才發現，很多火鍋店的湯就是用豬骨頭熬煮，或是很多食物有用豬油……有一次，我在自助餐店夾炸雞排，結果咬下去才發現怪怪的ね，那個是豬排啦！因為沒有標示，所以搞錯了。

有很多這種小小的東西，都不會特別告訴你有用豬肉，我來臺灣真的不小心吃到很多次。

Q47 在臺灣有吃過好吃的非洲餐廳嗎？

A 有吃過不錯的肯亞料理和史瓦帝尼料理，可是甘比亞料理目前完全沒有，只能自己煮。

之前有在媽媽非洲（Mama Africa）活動的市集上吃到南非的牛肉熱狗堡，那個也很特別！

Q48 黑龍喜歡吃椰棗嗎？有沒有連黑龍都不喜歡或會怕的非洲食物？

A 喜歡啊，我爸爸以前就是在賣這個。

只要沒有豬肉，非洲食物我都吃，沒有挑食，而且什麼都敢吃ね。

Q49 黑龍不喜歡一夫多妻制嗎？

A 我不喜歡，我自己的話，老婆只要一個就好了，可是我尊重這個文化啦。

Q50 有考慮過要生臺、甘混血寶寶嗎？

A 有啊！如果我的老婆是臺灣人，就會生混血寶寶了啦（害羞）。

Q51 黑龍喜歡什麼星座的女生？

A 都沒有差，我沒有看星座，我的信仰裡面沒有星座這種東西。我覺得自己的個性是爸媽給的，和星星沒有關係了ね。

Q 52 有考慮要定居臺灣嗎？如果有／沒有，最大的原因是什麼？

A 有，最主要的原因就是……因為賺錢啦。現在在臺灣有很穩定的工作，也覺得臺灣很好啊！甚至如果我和甘比亞人結婚，可能也會把她一起帶來臺灣，在臺灣生活喔。

Q 53 如果有機會，會想帶家人來臺灣玩嗎？想帶家人去哪裡？

A 很想帶家人來！他們來臺灣的話，我一定要帶他們去臺北一〇一啦，去景觀臺看風景，真的太漂亮、太棒了；再帶他們去夜市玩。我準備好了，也許之後有機會吧！大家可以期待看看？

從象山看一〇一也是我超喜歡的事情，我去爬過好幾次ね

Q 54 覺得臺灣哪裡最好玩？

A

雖然臺灣沒有很大，但每個地方都有自己的特色。臺北「什麼都有」，東部風景很漂亮，中、南部的食物很好吃又很便宜，真的都很好玩！

只有一個地方我覺得還好……就是……賣很多火雞肉飯的那個地方（嘉義人不要罵我ね）。可是阿里山也很棒，我超喜歡的啦！

去蘭嶼一定要穿當地最有代表性的服裝啊

Q 55

黑龍會塗防晒用品嗎？有晒傷過嗎？

A

不會。雖然我晒太久太陽也會晒傷，皮膚會刺刺痛痛的，但我不會擦防晒油。如果被別人看到我擦防晒油，應該會覺得我怪怪的啦！

Q 56

黑龍在黑人中算黑嗎？

A

我覺得我滿黑的，而且是很好看的黑喔！

Q 57

黑龍的牙齒都怎麼保養的？

A

小時候媽媽會看著我們刷牙，還要把嘴巴張開給她檢查。如果有看到沒刷乾淨的地方，馬上會被叫回去重刷一次ね！所以我們都很認真刷牙，到現在還維持這個習慣。

Q58 遇過印象最深刻的種族歧視？

A

大學時，第一次去外面租房子，好不容易找到一間喜歡的，和房東阿姨聯絡好要去看，結果房東阿姨一看到我就說：「房子已經被別人租走了！」哭啊！才剛約好，怎麼可能。

隔天我請臺灣同學再打一次電話給房東阿姨，她說：「房子還在，歡迎來看喔！」

我就知道，啊！這個歧視了啦！

那個阿姨沒有和我多講一點話，看到我是黑人就不租……

有時在路邊招計程車，司機停下來看到我是黑人就直接開走……

我最討厭的歧視，都是平常遇到的小事情。

Q59 黑龍喝早餐店大冰奶會拉肚子嗎？

A 不會ね，好多臺灣人都說：「大便大不出來就去喝早餐店大冰奶。」可是我沒有這樣ね，可能我的腸胃比較厲害啦！

甘比亞早餐店有賣各種飲料，不知道能不能和臺灣早餐店大冰奶 pk

Q60 黑龍在足球隊踢什麼位置？

A 後衛，很多人以為我喜歡衝到最前面射門，但其實我更喜歡在後場盤球、控球！

Q61 最喜歡的足球員是誰？梅西和C羅比較喜歡誰？

A 最喜歡的還是C羅，因為我喜歡很努力、很認真練習的運動員，我覺得梅西是天才型選手！

Q62 黑龍有去看南非世界盃嗎？

A 沒有ね，那時是高中生，都在念書、準備考試啊。不過雖然是考生，我好像還是每一場都有看轉播ね，heehee。記得那一屆我支持迦納，他們好不容易在八強戰踢到延長賽，結果被烏拉圭的路易斯・蘇亞雷斯（Luis Suárez）手球犯規，我從那時開始討厭烏拉圭隊啦！

Q63 最喜歡的足球隊是哪隊？

A 職業隊最喜歡曼聯，國家隊當然是甘比亞隊啦！甘比亞在二〇二一年第一次踢進非洲國家盃，那是我看過最緊張的比賽ね，光是坐在電視機前都會聽到自己心臟怦怦跳的聲音！

Q64 黑龍目前最滿意的ＹＴ影片是哪一部？

A 平常沒有工作時，其實比較少看 YouTube 影片，但是齁，我自己的影片都可以看很多次ね！因為真的太好玩了，像是吃炸雞、牛〇牌煮火鍋的……自己都會看到笑死。

但最喜歡的當然是〈甘比亞特輯〉了啦！這個是我一直很想做的事情，能夠讓臺灣的大家看到我的故鄉，對我來說真的很有意義，很感動有這個機會可以實現願望。

〈甘比亞特輯〉是我最快點閱率破百萬的影片，現在已經快要三百萬了ね，請大家幫我再去看一百遍了啦！

Q65 黑龍想對粉絲說的話？

A 我從來沒想過自己會成為 YouTuber，還能有這麼多人喜歡我，真的很謝謝支持我的每一個你！如果我拍的影片、我講的話，可以讓你們更喜歡甘比亞，那就是我最最開心的事了！我也會拍更多影片給你們看，不只是要讓大家笑，希望也可以讓你們認識更多東西，所以要繼續支持黑龍和臺尋了啦，好不好？

哇係黑龍……愛你們喔

AUTHOR 系列 027

哇係黑龍！來自甘比亞的神祕力量：訂閱、按讚、卡緊欸啦！

口　　述—黑龍
文字整理—何星啵
副總編輯—邱憶伶
責任編輯—陳映儒
行銷企畫—林欣梅
封面設計—兒日
內頁設計—張靜怡

編輯總監—蘇清霖
董 事 長—趙政岷
出 版 者—時報文化出版企業股份有限公司
一〇八〇一九臺北市和平西路三段二四〇號三樓
發行專線—（〇二）二三〇六—六八四二
讀者服務專線—〇八〇〇—二三一—七〇五
（〇二）二三〇四—七一〇三
讀者服務傳真—（〇二）二三〇四—六八五八
郵撥—一九三四四七二四時報文化出版公司
信箱—一〇八九九臺北華江橋郵局第九九信箱
時報悅讀網—http://www.readingtimes.com.tw
電子郵件信箱—newstudy@readingtimes.com.tw
時報出版愛讀者粉絲團—https://www.facebook.com/readingtimes.2
法律顧問—理律法律事務所　陳長文律師、李念祖律師
印　　刷—華展印刷有限公司
初版一刷—二〇二三年六月十六日
定　　價—新臺幣四六〇元
（缺頁或破損的書，請寄回更換）

時報文化出版公司成立於一九七五年，
一九九九年股票上櫃公開發行，二〇〇八年脫離中時集團非屬旺中，
以「尊重智慧與創意的文化事業」為信念。

哇係黑龍！來自甘比亞的神祕力量：訂閱、按讚、卡緊欸啦！／黑龍口述；何星啵文字整理 . -- 初版 . -- 臺北市：時報文化出版企業股份有限公司 , 2023.06
208 面；14.8×21 公分 . --（AUTHOR 系列；27）
ISBN 978-626-353-886-3（平裝）

1. CST：黑龍　2. CST：傳記　3. CST：甘比亞

786.688　　　112007540

ISBN 978-626-353-886-3
Printed in Taiwan